C'est décidé, **j'arrête d'être célib !**

Bénédicte Ann

C'est décidé, **j'arrête d'être célib !**

Albin Michel

• La présence d'un QR code indique que l'exercice décrit est disponible en vidéo sur Internet, grâce à l'application de votre smartphone.

• Les mots suivis d'un * renvoient au lexique page 185.

Sommaire

Introduction

Avec toutes les recommandations avisées des magazines en ligne et les stratégies des experts en questions amoureuses qui circulent sur le Net, comment se fait-il que vous n'ayez pas encore décroché le gros lot?

Laissez-moi vous expliquer pourquoi :

- D'abord, l'univers de la rencontre est de plus en plus impitoyable, les pires aspects de la société de consommation l'ont pénétré : abondance et massification de l'offre, comportements pulsionnels, ère des produits jetables, quête à tout prix d'un bonheur dionysiaque.
- Ensuite, faute de connaître les lois qui le régissent, vous êtes livré à vous-même.
- Enfin, vous endossez sans le soupçonner à l'âge adulte le rôle qui vous a été attribué autrefois.

J'ai accompagné des milliers de personnes pour les aider dans leur vie sentimentale. La plupart du temps, elles m'ont contactée parce qu'elles désespéraient de trouver l'âme sœur. Elles avaient déjà tout essayé : sites de rencontre, réseaux sociaux, *speed dating,* agences matrimoniales, petites annonces (oui, oui, elles existent encore). Elles m'ont dit qu'elles n'avaient pas de chance ou qu'elles ne savaient pas s'y prendre. Vous vous en doutez, leur problème n'était pas là !

La première partie de mon travail de coach a consisté à démêler ce qui se (re)jouait pour elles. Je les ai aidées à mener une introspection sur elles-mêmes et à donner du sens à leur frustration relationnelle. Elles ont ainsi pu prendre conscience qu'à travers leurs histoires d'amour, elles revivaient les mêmes affres que dans l'enfance. En cessant d'attendre en vain la reconnaissance de leurs parents, elles ont pu s'affranchir à l'âge adulte des comportements, qu'enfants, elles avaient adoptés. Très vite, elles se sont révélées beaucoup mieux armées pour avancer. Cette compréhension leur a permis de modifier l'équilibre de leur relation en cours ou de tourner définitivement la page et de se rendre disponibles pour une nouvelle histoire.

Je les ai ensuite conseillées sur l'utilisation des sites et des dernières applications de rencontre, et supervisées lors de leurs premiers rendez-vous, pour m'assurer qu'elles ne retombaient pas dans les mêmes pièges que par le passé.

La plupart de celles qui sont restés en contact avec moi sont aujourd'hui heureuses en amour et m'envoient des faire-part de mariage et de naissance. Voilà pourquoi en 2011, j'ai écrit mon premier livre, *Le prochain, c'est le bon*[1], afin d'offrir au plus grand nombre mes conseils pour trouver l'amour.

Depuis, la société et les technologies de l'information ont considérablement évolué. J'ai dû adapter ma pratique aux toutes nouvelles applications de rencontre et je l'ai en parallèle approfondie sur le plan psychologique. J'ai ainsi désiré écrire ce livre que vous avez entre les mains pour transmettre ces nouveaux outils que j'ai développés. Ils vous permettront de mener l'indispensable introspection et de devenir ainsi acteur de votre vie sentimentale. J'ai également souhaité prodiguer mes conseils quant à l'utilisation de ces applications et aux premiers pas dans la relation.

1. Bénédicte Ann, *Le prochain, c'est le bon*, Albin Michel, 2011.

Tout d'abord, vous apprendrez les conditions essentielles pour accueillir la bonne personne dans votre vie : comprendre d'où vous venez, identifier et transformer vos conditionnements, lâcher le besoin de reconnaissance de vos parents, cesser de vous sacrifier et vous préparer à sa venue.

Dans un second temps, vous découvrirez comment entrer rapidement en contact avec des partenaires qui répondent à vos attentes, notamment par le biais des applications, et comment vous comporter lors des premières rencontres pour mettre toutes les chances de votre côté.

Mon expérience de *love coach* me permet de vous donner des recommandations précises et avisées. Beaucoup sont originales, mais je ne doute pas qu'elles ne le resteront pas longtemps.

Ce livre s'adresse tout autant aux hommes qu'aux femmes hétérosexuels, de toutes les générations. Pour autant, mon approche aidera certains homos à sortir des schémas de soumission dans lesquels ils acceptent de subir la domination de leur partenaire.

Afin d'en simplifier la lecture, j'ai pris le parti d'écrire au masculin générique et choisi d'alterner le Je avec le Vous pour que vous lecteur, vous vous impliquiez davantage.

Le résultat sera à la hauteur de votre motivation et de votre application. Vous allez mieux comprendre votre propre fonctionnement et découvrir en vous des ressources que vous ne soupçonniez pas.

Quel que soit votre passé, vous avez le droit d'être heureux en amour !

1

Je me prépare
à rencontrer l'amour

Je sais
d'où je viens

Savoir d'où vous venez va vous permettre de comprendre comment vous vous êtes construit. Dès lors, vous pourrez décider de vous affranchir de ce passé pour qu'il n'influence plus vos choix amoureux.

› Comment ai-je été conçu ?

Un jour, sur les cinq cents millions de spermatozoïdes de votre géniteur, l'un d'eux est sorti du lot et a fécondé l'ovocyte de votre mère. Cette rencontre vous a permis d'exister.

Dans quelles conditions cela s'est-il produit ? La joie, l'intention de donner la vie ou, à l'inverse, par accident, voire dans l'abus ? Cette grossesse est-elle devenue un poids, ou même un drame ? Si tel est le cas, vous vous êtes peut-être construit autour du rejet, de l'angoisse de votre mère, de la distance de votre père, de l'éventuelle pression des deux familles et peut-être même de tout cela à la fois. Déjà, face à la conception, nous sommes inégaux !

Comment votre mère a-t-elle reçu la « bonne » nouvelle ? S'est-elle sentie comblée, heureuse ou à l'inverse, abusée par votre père qui lui a chanté Ramona pour la séduire avant de l'abandonner ? Si vous avez été conçu hors mariage, a-t-elle éprouvé de la honte à l'égard de cette « faute », dans un milieu intransigeant quant aux règles « de bienséance » ou aux conventions religieuses ? Vous a-t-elle gardé parce qu'elle avait déjà avorté et qu'elle ne souhaitait pas revivre ce traumatisme ?

- **Tiphaine, cinquante-trois ans**, aurait dû « passer à la trappe », comme on disait autrefois. Seulement, au moment d'entrer dans la salle d'opération, sa maman, incapable de s'y résoudre, a quitté l'hôpital dans la foulée. Une telle décision ne manquera pas d'impacter la relation entre la jeune fille et sa mère. Soit Thiphaine lui sera redevable de l'avoir laissée vivre et deviendra son objet, soit elle clamera à l'adolescence : « Tu aurais dû avorter, comme ça, je ne serais pas née ! »

- **Jérôme, trente-cinq ans**, quant à lui, fils unique né après le décès de son frère, a occupé l'espace des deux enfants. Il s'est comporté de façon excessive. Il a inconsciemment redoublé de présence auprès de ses parents pour leur donner l'impression que deux fils les comblaient. À faire le clown, à écouter les états d'âme de maman, à bricoler avec papa, il a fini par s'oublier lui-même. Vous ne serez pas étonné d'apprendre que toutes ses compagnes l'ont quitté parce qu'il ne parvenait pas à couper le cordon !

› Comment ai-je grandi ?

Analysez la suite de votre parcours. Comment se sont passés la grossesse, l'accouchement ? Comment avez-vous été accueilli ? Quels enjeux représentiez-vous pour vos parents ? Quels conflits et reproches avez-vous suscités entre eux ? Êtes-vous né avec le sexe attendu ? À cause de vous, qu'ont-ils été obligés de faire, à quoi ont-ils dû renoncer ? Avec votre venue, qu'avez-vous réparé, compensé, consolé*[1] ?

Vous l'avez compris, le fait d'avoir été porté dans le ventre de votre mère et d'avoir perturbé les projets de vos

1. Bénédicte Ann, *Arrêtez de vous saboter, vous êtes exceptionnel*, Eyrolles, 2015.

parents a un prix : le prix de la vie. Vous avez commencé à le payer dès votre enfance, lorsque vous avez ressenti un manque d'attention de la part des personnes qui vous ont entouré. Peut-être avez-vous même subi des humiliations ou des injustices ?

Vous avez grandi dans une famille, et pas dans une autre ! Vos parents étaient ce qu'ils étaient, même si vous les aviez préférés autrement. Souvent, vous les auriez préférés plus disponibles à votre égard, plus attentifs, plus aimants, plus démonstratifs tant en gestes qu'en paroles. Vous auriez voulu moins d'ordres, de colère ou de réprimandes, davantage de soutien, de douceur et de bienveillance. Vous devez savoir d'où ils viennent, ce qu'ils ont enduré. J'ai écouté beaucoup d'hommes et de femmes évoquer leur enfance et celles de leurs parents. J'ai pu mesurer leurs souffrances psychologiques et physiques, liées ou non à la pauvreté. J'ai noté que les conditions d'éducation s'étaient progressivement assouplies ces dernières décennies.

EN RÉSUMÉ

Vous devez intégrer que vos parents vous ont élevés comme ils ont pu, avec ce qu'ils avaient eux-mêmes vécu, et accepter leurs limites ainsi que leur héritage culturel, religieux et physique.

Que vous les détestiez ou que vous les adoriez, il y a en vous quelque chose d'eux, que vous ne pouvez renier. Dans les deux cas, il est probable que vous aimeriez qu'ils soient fiers de vous.

Ai-je dépassé mes colères, mes rancunes ?

Vos parents ont fait ce qu'ils ont pu. Il se peut que certaines de leurs réactions, injustes ou appropriées, vous aient blessé. Souvent, ces souvenirs conditionnent vos comportements.

› Où en suis-je avec ma famille ?

Je fais le point

Peut-être êtes-vous encore ambivalent à leur égard ? Peut-être ressassez-vous des rancunes liées à des événements que vous n'avez toujours pas digérés ?

QUESTIONNAIRE

Pour être sûr que vous avez vraiment bien tout désensibilisé, répondez aux questions suivantes :

Oui Non

❑ ❑ Pensez-vous à certains événements de votre enfance avec tristesse ou ressentiment ?

❑ ❑ Des phrases telles que celles-ci vous viennent-elles quelquefois à l'esprit : « Je leur en veux de... », « Je ne leur pardonnerai jamais de... », « Pourquoi ont-ils fait (ou laissé faire) ça... », « Pourquoi n'ont-ils pas réagi quand... » ?

- ❑ ❑ Vous arrive-t-il d'éprouver de la peine ou de la colère, lors de réunions de famille, quand l'un des membres vous nargue, vous juge, vous dévalorise comme autrefois ou vous affuble du même diminutif que lorsque vous étiez petit ?
- ❑ ❑ La phrase qui tue de votre mère quand elle vous voit « Tu ne sauras jamais être présentable, regarde à quoi tu ressembles ! Il n'est pas né celui qui voudra bien t'épouser », vous affecte-t-elle ?
- ❑ ❑ Votre frère (ou votre sœur), celui qui occupait tout l'espace, continue-t-il à exercer son pouvoir sur vos parents ? Ce qu'il dit est parole d'évangile et non seulement il obtient ce qu'il veut, mais vos parents lui donnent toujours raison, quoi qu'il arrive.
- ❑ ❑ Certaines injustices vous agacent-elles toujours autant ? Votre sœur est au RSA et vos parents l'entretiennent. Ils font de plus beaux cadeaux aux enfants de votre frère qu'aux vôtres alors que ce dernier gagne mieux sa vie que vous...
- ❑ ❑ Êtes-vous en lien permanent avec vos parents, souvent au détriment de votre vie privée ? Leurs problèmes, leurs demandes, leurs conflits vous épuisent-ils ?
- ❑ ❑ L'un d'eux pourrit-il la vie de l'autre et servez-vous de médiateur, grande oreille, psy gratuit ? L'idée même de prendre de la distance vous bouleverse-t-elle tant vous craignez leur réaction ?
- ❑ ❑ Avez-vous l'impression de ne pas être entendu ? « Maman, papa, je vous ai dit mille fois que j'étais senior manager, pas secrétaire. »
- ❑ ❑ Lorsque vous allez les voir, êtes-vous en joie, ravi de les retrouver et peut-être impatient d'entendre les mots que vous avez toujours espérés ? Mais au bout de quelques jours, voire quelques heures, tournez-vous en rond, vous agacent-ils et ne pensez-vous plus qu'à rentrer chez vous ?

Résultat

Plus vous avez coché de « oui », plus votre ressentiment à l'égard de vos parents est important. Vous ne vous sentez pas suffisamment reconnu. Vous cherchez cette reconnaissance auprès de partenaires qui ne vous la donneront pas plus que vos parents.

Alors, reste-t-il de la colère, du ressentiment ou de la tristesse ? Êtes-vous finalement plus impliqué dans le système que vous ne l'imaginiez ? Si tel est le cas, il va falloir y remédier, dès lors que votre éducation se répercute dans vos choix amoureux, mais aussi dans vos relations professionnelles, avec vos amis et toutes les personnes avec lesquelles vous vous trouvez régulièrement en contact.

Il s'agit d'observer comment le système familial fonctionne. Puis vous prendrez la décision de ne plus vous laisser affecter et vous entamerez le deuil de ce besoin de reconnaissance qui vous plombe.

Vous vous êtes construit par analogie ou par rejet dans cet environnement. Si vous voulez avancer avec fluidité dans votre vie personnelle, il s'avère essentiel de pacifier votre relation avec les membres de votre famille, qu'ils soient envahissants, maladroits ou toxiques ou qu'ils vous ignorent. Pacifier, c'est renoncer à l'espoir qu'ils changent. Ne croyez pas qu'un beau matin, ils vous accueilleront avec la bienveillance, les encouragements dont vous avez toujours rêvé et que vous n'avez jamais trouvés. Cette vaine attente vous confine dans une posture d'enfant qui fait crise sur crise pour obtenir son dû. À défaut, vous risquez de reproduire indéfiniment dans vos relations les mêmes schémas que ceux qui régnaient autrefois entre eux et vous.

Les réactions évoquées précédemment témoignent de l'impact, certes irrationnel mais bien réel, du regard qu'ils portent sur vous. Tant que leur jugement vous affectera, votre estime de vous se mesurera à l'aune de la reconnaissance reçue.

› Où en suis-je dans ma vie ?

Faites un tour d'horizon et rédigez, en quelques mots, la nature des situations compliquées, laborieuses, que vous vivez régulièrement et dont vous vous passeriez bien.

EXERCICE

→ Prenez une feuille de format A4. Divisez-la en quatre colonnes.

Mon partenaire et/ou mes ex	Mes amis	Conflits de voisinage	Ma vie professionnelle

Commencez par vos partenaires : vos relations avec vos ex sont-elles apaisées ? Êtes-vous encore coincé dans des problèmes de pension alimentaire, de liquidation de la communauté, de garde d'enfants ?

→ Continuez avec vos (ex) amis : éprouvez-vous du ressentiment à l'égard d'un traître, d'une meilleure amie qui s'est en définitive révélée jalouse ? Avez-vous dû couper les ponts ? Avez-vous perdu vos amis après une séparation (ils ont choisi le camp de votre ex) ?

→ Poursuivez avec le voisinage. Avez-vous plus généralement des conflits avec des voisins, des travaux qui n'en finissent pas, un plombier qui se fait prier ?

→ Terminez par le travail : cherchez-vous un boulot depuis trop longtemps ? Travaillez-vous énormément, au point de ne plus avoir de temps pour vous ? Votre boss vous donne-t-il des dossiers à traiter à dix-huit heures et vous séchez la Zumba pour qu'il les trouve sur son bureau le lendemain matin ? Votre collègue fait-il son boulot ou travaillez-vous pour deux ?

Toutes les problématiques, lourdes à porter, qui s'éternisent sont autant d'obstacles qui vous empêchent d'avancer dans votre vie affective. D'une part, ces difficultés pourrissent votre vie, dispersent votre énergie et provoquent du stress, d'autre part, le temps passé et les éventuelles prises de tête qu'elles génèrent vous laissent moins de disponibilité pour rencontrer et passer du temps avec les prétendants qui se présentent à vous.

De grâce, gérez tous ces conflits le plus rapidement possible et libérez de l'espace devant vous.

Chaque fois que vous éprouvez de la colère ou de la frustration à l'égard d'un tiers (partenaire, ex, collègue, frère, artisan), changez de point de vue et tâchez d'établir le lien entre la situation présente et ce qu'elle réveille du passé.

Vous en voulez à cette personne parce qu'elle se conduit comme se comportaient autrefois vos parents. Vous l'avez choisie, appréciée ou vous la craignez pour cette raison, et vous êtes fâché pour la même raison.

> **Margaux, quarante-trois ans**, fréquente Philippe depuis plus de deux ans. Il la booste pour qu'elle soit plus dynamique et plus ambitieuse. Cependant, dès qu'elle entreprend de s'inscrire à la gym ou à un cours du soir, il la décourage et lui explique pourquoi elle n'y arrivera pas. Comme le faisait la mère de Margaux, il rêve de grands projets pour elle mais tient à la garder sous son contrôle. Margaux a choisi Philippe parce qu'il semble croire en elle. Mais elle est triste et contrariée quand il la dévalorise.

Dans une telle situation, positionnez-vous dès le départ. Ne vous sacrifiez pas pour faire plaisir à l'autre. Suivez votre chemin, votre objectif. Plus vous vous respecterez, plus il vous respectera. Et s'il vous quitte pour trouver une poupée plus docile ou plus parfaite, c'est qu'il n'était pas pour vous !

Observez vos schémas répétitifs, cette scène que vous revivez pour la centième fois, n'a-t-elle pas un goût de déjà-vu ? Allons, ne soyez pas dupe de vous-même, vous connaissez bien vos zones d'ombres, vos peurs, vos dépendances, les boutons sur lesquels il suffit que l'autre appuie pour vous activer.

› Où en suis-je avec mes histoires d'amour ?

Vos histoires d'amour, actuelles ou passées, les vraies, celles dans lesquelles vous vous êtes investi, parlent de vous, de votre sensibilité et de la manière dont vous avez appris à interagir avec vos partenaires. Ces histoires ont un point commun : vous ! Vous ne pouvez donc pas attribuer systématiquement leur échec à vos ex. Vous pouvez être également responsable de vos comportements et des dommages collatéraux qu'ils génèrent.

Au-delà de tout ce qui vous a attiré chez eux et des bons moments partagés ensemble, vous avez été souvent submergé par la frustration ou la tristesse. Peut-être est-ce encore le cas actuellement ? Ne traversez-vous pas des périodes de chaud et froid, des moments de doute, d'angoisse, des phases pendant lesquelles vous éprouvez la sensation de ne pas exister, de ne pas être compris ou de ne pas être à la hauteur ? Ou à l'inverse, vos ex déclenchaient-ils en vous des colères irrationnelles, fulgurantes, qui vous poussaient à hurler contre eux ? Peut-être même, une violence doublée d'envies de meurtre montait-elle parfois en vous ? Dans tous les cas, peu importent leurs personnalités ni ce qui provoquait votre abattement ou vos crises, seule compte la frustration ressentie qui s'exprimait par excès (quand vous étiez fou de rage) ou par défaut (quand vous vous écrasiez).

Cela n'a rien d'anormal au contraire, puisque vous ne choisissez pas au hasard vos amoureux. Vous les sélectionnez d'une manière névrotique pour leur aptitude à vous replacer dans les situations que vous ont fait vivre les personnes qui vous ont éduqué. Ce sont vos parents qui se dissimulent derrière cette attitude qui leur donnait ou leur donne encore un tel pouvoir sur vous.

EN RÉSUMÉ

Se défaire de ses colères, de ses rancunes vis-à-vis d'événements qui vous ont fait souffrir au cours de votre enfance, et que vous revivez aujourd'hui, en tant qu'adulte, dans vos relations familiales, amicales, professionnelles et amoureuses, permet à ces dernières de s'épanouir de manière constructive et satisfaisante.

J'identifie mes conditionnements

Pour identifier vos conditionnements, il suffit d'observer les relations que vous entretenez avec votre entourage. Peut-être avez-vous pris conscience en répondant aux deux questionnaires précédents que vous étiez encore considéré quelquefois comme un petit garçon ou une petite fille ?

› Je mesure leurs répercussions

Ainsi que vous l'avez intégré, le cadeau de la vie vous a été offert avec en prime des conventions religieuses, un héritage transgénérationnel, des tragédies familiales... Les conditionnements, ce sont les « programmes » qui vous ont été livrés dès votre vie « in utero » et pendant votre enfance. Ils vous conduisent à rechercher dans le présent les mêmes situations frustrantes que dans le passé. Ils se répercutent dans votre quotidien et déterminent en grande partie vos choix amoureux.

Quel que soit votre âge, vous avez identifié les ratés et les limites de votre éducation, les maladresses de vos parents. Vous connaissez les secrets de votre famille ou, tout du moins, vous avez eu vent de leur existence.

À défaut de savoir réellement qui vous êtes et, même si vous n'avez jamais ou pas particulièrement « travaillé sur vous », comme on dit dans le milieu du développement personnel, vous êtes capable de résumer en quelques mots la nature de votre ou de vos problèmes dans la vie, comment ils se manifestent et d'où ils viennent.

Observez sur quel mode relationnel vous avez fonctionné jusqu'à maintenant dans le domaine de l'amour. Êtes-vous plutôt un « conciliant » ou un « prédateur » ? Dans les deux cas, les postures amoureuses que vous avez été amené à vivre correspondent aux rôles qui vous ont été attribués dans l'enfance ou que vous avez endossés.

Vos conditionnements se manifestent quand vous entrez dans le rôle qui vous a été attribué. Vous vous traitez comme vous avez été traité :

- si, par exemple, vous étiez un bon gars ou une bonne fille, vous continuerez à vous comporter ainsi ;
- si, au contraire, vous avez été un enfant rebelle qui cherchait à se faire remarquer et à occuper plus de place, nul doute qu'il en reste des réminiscences au quotidien. La vie vous offre les occasions de vous complaire dans votre rôle. Elle met sur votre chemin des compagnons qui vous amènent à vous conduire, selon les cas, de façon magnanime ou conflictuelle avec eux.

Ce constat pose la question existentielle du libre arbitre. Pour participer à la survie de l'espèce, vous êtes enclin à rencontrer un partenaire dans l'objectif de transmettre vos gènes. Par ailleurs, votre éducation, mâtinée de culture judéo-chrétienne ou musulmane, vous pousse à vous conformer au modèle de votre milieu social. Vous affranchir de ces conditionnements sera une épreuve, mais le résultat en vaut la chandelle.

› Je me libère de mes conditionnements

Lâcher vos conditionnements pour atteindre une forme de liberté ne sera pas simple. Si cela s'avère nécessaire, allez voir un coach ou un thérapeute, pour vous libérer des « programmes » qui vous empêchent de vous épanouir. Le coach s'efforcera de déjouer les subterfuges que vous déploierez pour ne pas quitter votre zone de confort.

Pour en sortir, vous devez au préalable vous en donner impérativement la permission. Si vous ne le faites pas, qui vous la donnera ? Pensez-vous que votre environnement, tout accoutumé qu'il est à votre façon habituelle de vous positionner, aura envie d'une telle remise en cause, surtout si vous êtes « bon pour le service » ?

› Je change de comportement grâce à des méthodes et à des thérapies

Il existe de nombreuses thérapies possibles. Une fois le diagnostic posé, certaines sont plus ou moins adaptées à vos problématiques. Je vous recommande de les essayer pour voir celles qui vous conviennent, sans que ce soit une fuite de toutes les expérimenter et, finalement, ne rien en faire. Pour ma part, je vous suggère de privilégier les thérapies de groupe, dans votre ville ou en résidentiel. Elles s'avèrent plus efficaces.

Même si vous n'avez jamais travaillé sur vous, je vous conseille plutôt des thérapies brèves, des rendez-vous espacés entre deux stages avec différents thérapeutes plutôt qu'une psychothérapie classique, une fois par semaine pendant des années. Chaque méthode et chaque thérapeute sont différents. Il se peut que la méthode convienne et pas le thérapeute ou l'inverse. Ce qui compte le plus, c'est la façon dont vous vous sentez dans les trois semaines qui ont suivi la rencontre et les changements notables que vous pouvez apprécier au quotidien.

Les nouvelles approches sont très efficaces et produisent des résultats en quelques séances. Enfin, des thérapeutes aguerris, formés à de nombreux outils, ont créé des stages avec des thématiques, dont vous ressortez grandi.

Vous trouverez plus d'informations sur les sites : http://psychologie.aujourdhui.com/therapies/liste-therapies.asp ou http://www.psychologies.com/Therapies/Toutes-les-therapies.

Vous devrez les pratiquer régulièrement pour asseoir vos acquis et continuer à vous développer.

- Pour résoudre un problème ponctuel qui vous freine, privilégiez les approches thérapeutiques brèves : la TCC*, la PNL* et le coaching. La MBCT* (thérapie cognitive basée sur la pleine conscience) et la Pleine conscience, appelée aussi *Mindfulness** (observation des pensées et acceptation) sont les représentantes les plus connues dans les pays francophones ; elles font partie des thérapies comportementales et cognitives.
- Pour débloquer une situation qui vous empêche d'avancer depuis des années, faites-vous suivre par un somatothérapeuthe* ou un gestalt* thérapeute et participez à des groupes.
- Si le blocage implique la famille, intéressez-vous aux thérapies systémiques et familiales*.
- Si vous avez un problème trangénérationnel ou un secret de famille, le désir de dire au revoir à un proche décédé, faites de la psycho généalogie*.
- En cas de trauma, l'EMDR*, la Somating experiencing* et l'Hypnose* sont efficaces.

Pour que toute l'information descende dans votre corps :

- suivez des stages femmes et hommes sauvages,
- inscrivez-vous à des soirées de biodanza, de danse médecine, de danse des cinq rythmes, de danse de l'âme,
- essayez-vous au Tantra*, que j'aime beaucoup, pour vous familiariser avec l'autre,
- n'oubliez pas les massages et la méditation !

Vous libérer de votre passé implique de dépasser vos conditionnements, votre esprit de sacrifice, votre besoin de reconnaissance, vos loyautés transgénérationnelles, vos peurs, vos croyances, vos addictions...

Par exemple, si vous êtes plutôt du genre conciliant, vous avez tendance à vous faire abuser par vos partenaires et à vous surpasser pour recevoir des miettes. Pour vous protéger, je vous recommande de réagir au premier signe d'abus en y mettant le holà.

A contrario, si vous vous comportez davantage comme un prédateur, vos exigences génèrent, d'une manière ou d'une autre, du rejet. C'est pourtant vous qui rendez les autres « compliqués », voire « méchants » ou qui les choisissez ainsi pour retrouver vos parents à travers eux... Vous devez cesser de projeter sur votre environnement les personnes qui vous ont élevé ! Quand ce phénomène se produit, prenez du recul, dites-vous « Ce n'est pas ma mère... » ou « Ce n'est pas mon père... ». Apprenez à vous respecter[1] et à prendre conscience que lorsque vous supportez (vous ne savez pas dire non) et lorsque vous vous fâchez (ils ne vont pas réussir à vous avoir, ils ne vous connaissent pas), vous répétez le programme d'autrefois.

En réalité, vous ne parvenez pas à sortir de vos conditionnements quand votre loyauté vous emprisonne. Et vous le resterez tant que vous ne renoncerez pas au besoin

1. Bénédicte Ann, *Autodiagnostic amoureux*, Éditions de l'Homme, 2012.

de reconnaissance à l'égard de vos parents (si vous en avez manqué) ou tant que vous n'accepterez pas l'idée que vous vous êtes suffisamment sacrifié et que vous ne leur devez plus rien.

Ensuite, vous aurez le choix entre la politique des petits pas (changer progressivement de comportement, un pas après l'autre) et celle de la terre brûlée (changer radicalement vos comportements). Pour faire ce choix, écoutez votre instinct, respectez votre personnalité, protégez-vous, mais n'en profitez pas pour vous complaire dans ce que vous connaissez bien.

Switcher, comme disent les Américains, dépend totalement de vous. La technique du *switch* (commutateur) est issue de la PNL*. C'est un outil facile et rapide qui permet de changer d'état mental. On bascule, par exemple, d'un état général négatif dans un état positif.

PASSEZ À L'ACTION

Protocole du *switch* : pour le faire, mettez-vous au calme.

→ Identifiez ce qui vous gêne : un comportement, une compulsion, une situation dans laquelle vous vous sentez bloqué... et l'image qui déclenche cette situation.

→ Créez l'image de l'état désiré : tel que vous serez après le changement. Modifiez-la avec les submodalités (en fonction de votre dominante visuelle, auditive ou kinesthésique) pour la rendre extrêmement attirante.

→ Placez l'image de l'état désiré en bas à droite, voyez-la sombre et petite. (Créez l'attente) Regardez l'image 1, en grand, lumineuse.

→ Maintenant et rapidement, la petite image sombre (Image 2) grandit et devient plus lumineuse, tandis que l'Image 1 rétrécit et s'assombrit.

→ Cette étape doit se faire, pour reprendre l'expression de Richard Bandler, « aussi vite que vous prononcez le mot *switch* ».

→ Répétez cette étape une dizaine de fois...jusqu'à ce que vous ayez vraiment du mal à visualiser l'image 1 (si le *switch* a été efficace, cela doit même être impossible) et les jours suivants, pour s'assurer que la nouvelle visualisation est bien éloignée.

Pour que cette technique soit efficace, il est important de la mettre régulièrement en pratique.

› Je me positionne

Il s'agit de manière plus générale de vous efforcer d'occuper votre juste place. Vous positionner dans tous les domaines (famille, travail, amis, fournisseurs) va vous permettre de le faire au début de votre prochaine relation.

Si vous faites partie des conciliants, listez tout ce que vous faites pour faire plaisir aux autres sans penser à vous et arrêtez !

PASSEZ À L'ACTION

→ Pour commencer, entraînez-vous à dire non à vos voisins qui vous demandent d'arroser leurs plantes, à votre collègue qui n'a pas le temps de terminer un dossier, à votre fille qui vous appelle à cinq heures du matin parce qu'elle ne trouve pas de taxi...

→ Entraînez-vous à dire non doucement : « *A priori* non, mais je vais voir. » Ainsi, vous ne serez pas pris de court !

→ Plus vous vous positionnerez, plus vous en verrez les bénéfices, plus vous vous sentirez encouragé à le faire davantage. Vous prendrez progressivement confiance en vous et en votre aptitude à dire non.

→ Si vous faites partie des personnes « excessives » et réactives, je vous invite à ne plus répondre au quart de tour. Vous souvenez-vous de ce dicton que les enfants ont beaucoup entendu : « Tourne sept fois ta langue dans ta bouche avant de parler » ? Pourquoi ne vous en inspireriez-vous pas, juste pour voir le résultat produit ?

EN RÉSUMÉ

Maintenant que vous avez mesuré l'impact négatif des conditionnements dus à votre éducation sur vos comportements amoureux, il vous reste à vous en libérer pour pouvoir vous épanouir. Il vous faut pour cela renoncer aux attitudes et comportements hérités de votre enfance et vous positionner de manière autonome. De nombreuses thérapies existent pour vous aider à acquérir cette liberté nouvelle.

Je fais le deuil
de mon besoin de reconnaissance

À ce stade, tant que vous continuerez à quémander inutilement l'attention de votre famille ou à attendre sa reconnaissance, vous ne pourrez pas attirer le partenaire que vous souhaitez. Pour être touché, caressé, accueilli, regardé avec bienveillance, pardonné, admiré par votre futur chéri, il va falloir d'abord renoncer à la reconnaissance tant espérée de vos parents et devenir une personne qui n'en a plus besoin pour avancer.

› Je prends conscience de l'ampleur de mon besoin de reconnaissance

Le deuil du besoin de reconnaissance est la clé de votre liberté. Il s'agit de renoncer à une réparation de ce qui vous a manqué. Comme pour les héros qui doivent affronter de multiples épreuves, ce chemin est semé d'embûches.

Dans les contes de fées, les héros ne doivent-ils pas accomplir des actions d'éclat pour prouver leur valeur et être reconnus à part entière ? Toutes proportions gardées, dans le monde réel, il vous est demandé, pour jouir de votre vie, de sortir de cette posture de petit garçon soumis ou de petite fille rebelle (ou l'inverse) qui vous colle encore à la peau.

Alice, vingt-sept ans, paie sa dette de vie. Elle rencontre, par loyauté envers sa mère **Françoise, soixante ans**, des hommes à forte personnalité, despotiques et centrés sur eux.
Ainsi, jusqu'à ce qu'elle quitte la maison, Françoise a été la tête de Turc de sa mère. Quand la question de l'hébergement de celle-ci s'est posée, aucun membre de la fratrie ne s'est précipité. Françoise, qui désirait voir évoluer positivement sa relation avec sa mère, a accepté de la loger.
Celle-ci avait déjà un lourd passé de « terroriste familial », qui s'est transformé en démence au fil des trente années suivantes. Alice, la petite fille, se souviendra toujours de la soumission de sa mère, du despotisme de la grand-mère et, surtout, de ce fameux dimanche où cette dernière n'a pas pu se retenir de monter sur la table, de se déshabiller et de hurler des insanités devant le médecin qui avait été appelé. Ce jour-là, elle avait enfin été internée. La vieille femme avait réussi à se préserver de l'institution psychiatrique, au grand dam de Françoise, de son époux et des trois enfants, tant elle avait su manipuler le monde médical et se montrer « normale » lorsqu'il l'avait fallu…
Françoise a bu jusqu'à la lie le calice de son irrépressible nécessité d'être regardée par sa maman. Elle l'a payé tant qu'elle pouvait et, quand elle a réalisé qu'elle n'obtiendrait rien de sa mère, il était trop tard et sa vie familiale avait été fortement mise à mal par l'omniprésence de cette femme mal intentionnée.

› Je verbalise mes souffrances d'enfance

Sachez-le, si vous ne le verbalisez pas, l'abus se reproduit de génération en génération. Travaillez sur vous, notamment par le biais des constellations familiales, de l'hypnose, de l'EMDR* ou de la Somatic experiencing*.

À travers les questionnaires précédents, vous avez pu évaluer l'ampleur de votre besoin de reconnaissance. Au fond, vous n'êtes pas dupe. Vous savez parfaitement qu'il existe dans votre enfance des vides à combler, des parts d'ombre et des injustices que vous avez tues, pour ne pas mettre de l'huile sur le feu et surtout ne pas déranger. Ces ressentis vous appartiennent, vous ne les avez pas inventés pour vous rendre intéressant. Toutefois, le silence qui les entoure n'aide pas à avancer. Il arrive que les membres de la famille auxquels vous auriez voulu parler disparaissent avec leurs secrets ou sans que vous ayez pu mettre de la lumière sur ces périodes troubles de votre vie.

C'est ainsi qu'au-delà de la mort, vous restez en lien avec les personnes qui vous ont éduqué, sans avoir jamais l'opportunité de leur avouer : « Je t'aime car tu es mon père (ma mère, ma tante…) et je ne t'ai pas dit que je n'ai toujours pas digéré le jour où mon frère a eu un cadeau de Noël beaucoup plus beau que le mien (ou que je n'ai pas eu le droit de faire du piano comme ma sœur). »

Si votre interlocuteur peut l'entendre et l'admettre, vous vous sentez certes mieux, allégé de vous être exprimé, mais le temps a passé et l'abus ne pourra jamais être réparé. Que les préjudices que vous avez subis soient reconnus par les observateurs extérieurs comme mineurs ou plus graves, seul compte votre vécu. Il reste une blessure béante à l'intérieur de vous, qui n'a pas été reconnue et dont personne n'a jamais pris soin.

Faire couple avec cette blessure, la grattouiller, la réactiver en permanence, vous complaire dedans, vous permet de rester en prise directe avec ce qui est advenu dans l'enfance. À ressasser le préjudice, vous vous reconnectez à l'enfant que vous étiez, à sa tristesse et à sa frustration de l'époque. Inconsciemment, mieux vaut pour vous exister dans la souffrance et l'arbitraire que de ne pas exister du tout ! Cette façon de garder le contact avec vos géniteurs ou vos parents adoptifs se nomme la loyauté.

› J'identifie mes conflits de loyauté et mes sacrifices

Vous mettre au service des personnes qui vous ont élevé ou reproduire leurs comportements pour leur montrer à quel point vous êtes solidaire de ce qu'ils ont vécu donne du sens à votre vie amoureuse.

La situation frustrante de laquelle vous êtes otage (vous ne trouvez pas de partenaire ou vous n'êtes pas épanoui avec le vôtre) vous permet d'honorer votre dette de vie. Selon vous, cette vie précieuse, donnée, génère en effet une dette que vos parents comptent bien vous faire rembourser d'une manière ou d'une autre ! Comme son prix s'avère trop élevé et qu'elle est impossible à apurer, votre seule issue consiste à vivre « petit » pour montrer que vous ne flambez pas !

Si vous avez été l'objet de vos parents, vous avez cherché à être reconnu en vous mettant à leur service.

• **Jacqueline, cinquante-huit ans**, l'aînée de quatre filles, a vite été la favorite de sa mère parce qu'elle avait un caractère souple. De surcroît, formatée par des religieuses rigides, ce qui n'a pas été le cas de ses cadettes, elle a reçu la même éducation que sa maman, ce qui les rapprochait. Elle ne s'est jamais mariée et n'a pas eu d'enfants. Après le décès de sa mère et après avoir été indéfectiblement à son service les trente dernières années, elle envisage, sans savoir par où commencer, de construire un couple.

• **Georges, soixante-cinq ans**, ne ressemble pas à Jacqueline et pourtant… Ce fils unique n'a jamais vécu avec une femme, bien qu'il ait eu plusieurs compagnes avec lesquelles il s'est engagé. Il a eu une fille qu'il n'a pas désirée. Il continue par habitude, obligation ou plaisir, à partager le déjeuner dominical avec ses parents. Seulement, malgré son réel désir de conjugalité, aucune femme n'a jamais remplacé ces derniers dans son cœur.

Jacqueline et Georges restent fidèles à leur mission : continuer à servir le parent tant aimé. Bien que Jacqueline regrette amèrement de ne pas s'être mariée, elle y a visiblement trouvé son compte. De son côté, Georges a reconnu sa fille. Par la suite, il s'est limité aux femmes mûres afin d'échapper à la paternité. Par cette décision, il a tué dans l'œuf toute possibilité de construction d'un couple au sens traditionnel du terme, alors même qu'il se nourrit de cinéma romantique et pleure chaque fois que les protagonistes s'avouent enfin leur amour.

Parfois, vous pouvez faire office d'objet de substitution, à l'instar de Charlotte qui a remplacé maman dans le cœur de papa.

Charlotte, trente-trois ans, et Johan, son frère, sont très proches de leur père depuis le décès de leur mère respectivement à quatre et deux ans. Aujourd'hui, son papa lui a écrit à l'occasion de cet anniversaire : « Charlotte, si tu n'existais pas, ma vie serait comme un champagne sans bulles. » Elle prend soin de lui, telle une conjointe modèle ; elle aime se comporter ainsi et il l'y encourage ! Tous les prétextes sont bons de part et d'autre pour rester en lien, comme il y a vingt-neuf ans. D'ailleurs, son père n'a eu que trois relations depuis la tragédie ; la dernière remonte à dix ans et avec aucune d'entre elles, il n'a pu oublier la défunte. De treize ans plus âgée que lui, celle-ci, rattrapée par son horloge biologique, l'avait épousée. Elle est décédée des suites d'un cancer en laissant deux beaux bébés. Il avait vingt ans.
Charlotte et son père ont pris en charge le petit frère qui leur donne aujourd'hui du fil à retordre. Ils consolident ainsi le cocon familial. De ce fait, quand Charlotte garde un petit ami, il est ou plus jeune, ou beaucoup moins éduqué ; dans tous les cas, elle le mène comme un enfant. Très vite, elle s'ennuie et le quitte. Elle reste ainsi indéfectiblement liée à son père et s'empêche d'être compagne et mère. Comment pourrait-elle profiter d'une vie pleine que sa mère n'a pas goûtée ?
Une autre loyauté lui tombe dessus ! Contrairement à son frère, moins favorisé intellectuellement, Charlotte s'est avérée à la limite de la douance, comme son père qui ne connaît pas sa propre

> puissance et sabote depuis toujours les nombreux talents qu'il possède. Elle apprend vite. Elle a accumulé une école d'ingénieur, deux masters et une agrégation de sciences naturelles en huit ans. Pour autant, elle utilise le quart de ses compétences professionnelles et se contente d'enseigner en collège alors qu'elle a été sollicitée pour faire de la recherche à l'université.
> Loyale à son père (je ne peux pas réussir plus que toi), elle rejoint sa mère à un endroit inattendu : cette dernière, née par « accident », avait fait office de vilain petit canard. Rebelle, elle avait prétexté les événements de mai soixante-huit pour abandonner ses études. Quelques années avant son décès, elle éprouvait de la honte et s'en voulait de ne pas s'être autorisée à réussir dans l'enseignement supérieur. Charlotte se bride là aussi, comme pour honorer la mémoire de sa mère.

Une loyauté peut en cacher une autre et l'exemple de Charlotte montre que les capotages amoureux se doublent parfois de sabotages professionnels. Comment se donner la permission quand celui auquel vous êtes loyal ne se l'est pas donnée ?

Le sacrifice est le fil de la pelote de laine sur lequel tirer pour identifier une dette de vie non remboursée. Chaque fois que vous ne vous autorisez pas à prendre votre juste place dans la relation, soit parce que vous n'osez pas, soit parce que vous êtes en conflit avec votre partenaire, vous vous sacrifiez ! Quoi que vous fassiez, vous avez l'impression qu'il s'agit d'une goutte d'eau dans l'océan au regard de votre débit.

QUESTIONNAIRE

Vous êtes probablement en loyauté avec l'un de vos parents et vous vous sacrifiez si :

A- Des situations se répètent dans votre vie, par exemple :

- ❑ vous rencontrez le même type de partenaires ;
- ❑ vous ne sortez qu'avec des personnes non disponibles ;
- ❑ vos patrons vous harcèlent ou vous traitent injustement ;

- ❑ les repas de famille se terminent souvent mal pour vous ;
- ❑ vos amis ont tendance à vous exploiter (c'est toujours dans le même sens) ;
- ❑ on vous doit de l'argent (pension, prêt, héritage) que vous ne parvenez pas à récupérer ou vous courez après l'argent alors que vous avez théoriquement de quoi vivre ;
- ❑ vous procrastinez.

B- Vous ne vous autorisez pas certains plaisirs comme :

- ❑ partager une relation avec un(e) partenaire qui interagit au niveau du cœur, du sexe, de l'intellect et de l'âme ;
- ❑ voyager à l'autre bout du monde ;
- ❑ dire « non, débrouille toi » à un proche ;
- ❑ vous offrir des vêtements sexy, de qualité, à la mode ;
- ❑ reprendre des études, faire financer une formation et exercer un nouveau métier ;
- ❑ changer de lieu de vie ou y faire des travaux pour le rendre agréable ;
- ❑ dépenser de l'argent pour vous faire plaisir.

C- Vous culpabilisez de vivre dans la lumière :

- ❑ vous rasez les murs ;
- ❑ vous fuyez en cas de conflit ;
- ❑ vous vous écrasez la plupart du temps ;
- ❑ vous vous laissez critiquer, voire insulter ;

D- Votre colère vous dépasse

- ❑ vous jugez la terre entière ;
- ❑ vous enviez la terre entière ;
- ❑ vous détestez la terre entière ;
- ❑ vous méprisez la terre entière ;
- ❑ vous haranguez la terre entière ;
- ❑ vous fuyez la terre entière ;
- ❑ vous êtes le centre du monde ;

E- Vous faites plus que ce qu'on vous demande et vous recevez des miettes :

- ❑ vous vous défoncez au travail et ce sont les autres qui sont promus ;
- ❑ vous mettez votre vie entre parenthèses pour rester au service de vos compagnons, de votre famille ;

- ❑ vous vous saignez pour leur offrir des cadeaux de valeur ;
- ❑ au lit, vous acceptez les fantasmes de l'autre ou d'être privé de sexualité.

Résultat

Si vous avez coché plus de cases dans les parties A, C, D, vos loyautés prédominent. Les parties B et E renvoient davantage au sacrifice. Quoi qu'il en soit, les loyautés étant à l'origine des sacrifices, vous restez loyal à vos parents et vous ne vous autorisez pas à occuper le devant de la scène ou à prendre du plaisir dans votre vie.

Les sacrifices révèlent votre façon « contemporaine » d'être en lien avec vos parents. Par excès (je suis enragé) ou par défaut (je fais profil bas), ils s'expriment à travers vos habitudes de vie en termes de personnalité. Parfois aussi vous vous sabotez par le biais de bombes à retardement comme la procrastination.

Vous sacrifier, vous saboter sont des comportements qui révèlent vos dernières dépendances. La seconde étape consiste à ne plus accepter d'être l'objet de vos parents. Vous savez que vous devez passer outre pour trouver l'amour, et c'est maintenant !

› Je décide de sortir du sacrifice

- Tout d'abord, la prise de conscience de vos sacrifices constitue la première étape de votre évolution. Vous devez poser un regard lucide et sans concession sur votre parcours. Admettre que vous n'avez pas obtenu la place que vous auriez aimé occuper dans votre famille ne relève pas de la facilité. Reconnaître que les relations que vous entretenez avec votre entourage vous rappellent furieusement des saynètes de votre enfance exige une remise en cause, certes difficile, mais qui vous ouvrira rapidement toutes les portes.
- La seconde étape consiste à prendre la décision de ne plus dépendre du regard de vos parents.

À chaque occasion, choisissez de vous positionner pour que les phrases assassines ne soient plus dites, que les comportements inappropriés cessent. Prévenez-les et informez-les qu'à la première réflexion, vous quitterez la maison et qu'ils ne vous reverront plus avant longtemps. Cette proposition semble plus adaptée aux êtres conciliants qui, généralement, se recroquevillent sur leur chaise en attendant que l'orage passe.

Si vous êtes rebelle, il s'agit de comprendre que vous vous activez automatiquement face à certaines situations. Ce mécanisme est profondément ancré, car c'est ainsi que vous avez appris à vous défendre quand vous étiez enfant. Quand vous sentez monter la colère, faites appel à votre conscience, regardez-vous fonctionner, comprenez ce qui se rejoue, prenez de la distance avec la situation, reprenez le contrôle de vous-même et adaptez votre réaction.

› Je prends de la distance et change de posture

Commencez par vous tenir à une distance émotionnelle qui vous permettra d'observer tranquillement les situations les plus répétitives. Vous ne serez plus dupe du scénario et vous éviterez les échanges dont vous connaissez l'issue. Chaque fois que vous vous impliquez dans la scène, directement ou pas, vous demandez de la reconnaissance.

Au début, vous aurez peut-être besoin de décliner un certain nombre d'invitations. Réduisez au minimum vos visites, quitte à y retourner plus tard. Dans un premier temps, vous apprenez à lâcher progressivement ce qui vous activait et à prendre du recul.

Si vous changez, le regard des vôtres changera peut-être, mais ça n'est pas sûr. Vous changez pour vous, plus précisément pour vous libérer du poids de leur emprise et, au-delà, de vos conditionnements.

Si vous avez vu vos parents souffrir dans leur vie de couple bien qu'ils aient tenté de faire bonne figure à cause de leurs enfants, si vous avez entendu leurs plaintes à l'égard de l'autre, comment pouvez-vous vous abandonner à l'amour sans culpabilité ?

Si vous êtes fusionnel avec maman et qu'elle a été en définitive malheureuse avec votre père, incapable de divorcer pour des raisons familiales, religieuses, financières ou liées à l'époque, vous ne pouvez vous autoriser, par loyauté, à réussir en amour puisque, à cause de vous (« Je suis restée pour toi... »), elle a dû supporter votre père.

> La cadette d'**Irène, trente-huit ans**, est dans un état semi-végétatif à la suite d'un accouchement difficile. Ses parents lui ont demandé explicitement de s'occuper de la petite quand ils ne seront plus là. Sa mère ne décolère pas contre l'injustice qui a frappé l'enfant. À l'époque, personne n'aurait pensé à faire un procès pour erreur médicale. Irène fait office de jury dans un procès imaginaire que livre sa mère depuis une quinzaine d'années.
> Comment peut-elle s'autoriser à être heureuse avec ce que sa maman a traversé ? Cet interdit prend des proportions encore plus importantes pour peu que le couple parental ait explosé à l'annonce du drame.

Généralement, les femmes du profil d'Irène réussissent professionnellement, mais elles échouent dans leur vie amoureuse ; le contraire se produit plus rarement. Elles s'engagent exclusivement dans des liaisons condamnées (hommes en couple, à distance, compliqués, dépressifs) et remboursent leur dette de vie à l'égard de leur mère en se sacrifiant en tant que compagnes et, quelquefois, s'interdisent d'être mères.

En revanche, si vous entretenez des rapports conflictuels, être malheureux en amour permet de montrer à votre mère que vous aussi vous galérez. En tant que fille, vivant le même enfer amoureux que votre mère, vous lui signifiez inconsciemment que vous lui ressemblez. En portant un poids identique au sien, vous espérez sa reconnaissance.

Dans tous les cas, vous nagez en rond dans le lac des histoires impossibles. Quand vous en sortez, vous escaladez la montagne des *Bad boys* ou des Cruella et au sommet, vous découvrez l'univers des bovins qui se couperaient en quatre pour vous, mais qui ne vous érotiseront jamais. Bref, à rester coincé dans les loyautés maternelles, vous ne trouverez pas chaussure à votre pied.

À ce stade, la meilleure façon d'avancer consiste à rencontrer l'enfant que vous avez été. Cet enfant, autrefois à la merci des humeurs versatiles de son environnement, ayant souffert du manque d'attention de ses parents, dépassé par les exigences des adultes, a tellement besoin que vous le réconfortiez. Vous ne pourriez lui faire de plus beau cadeau que celui d'entrer en contact avec lui pour lui montrer qu'il n'est plus seul, désemparé et que vous êtes désormais présent pour prendre le relais.

› Je console mon enfant intérieur

Pour démarrer, cherchez dans vos souvenirs trois scènes parmi les plus injustes que vous ayez vécues, de préférence en famille et avant vos dix ans. Choisissez-en une, significative, qui donne le ton de ce que vous avez traversé en négatif dans votre enfance.

EXERCICE

→ Décrivez cette scène ou dessinez-la sur une feuille A4 vierge.

→ Comment vous sentez-vous par rapport aux acteurs de la scène ? Quels mots pourraient décrire ce qui se passe ? Si vous deviez donner un titre à la blessure qui ressurgit, quel serait-il ? Injustice, négligence, trahison, abandon, autre ? Si l'émotion vous submerge, accompagnez-la. Observez le petit enfant que vous étiez au moment de cette scène. À quoi ressemble-t-il ? Comment est-il vêtu ? Voyez-vous son visage ? Comment se tient-il ? Dans quelle pièce de la maison ? Que vient-il de se passer pour lui ?

→ Une fois que vous le voyez bien, entrez dans la scène en tant qu'adulte. Approchez-vous doucement et parlez-lui. Dites-lui, avec vos mots à vous :

Bonjour petit Rémy, je suis toi devenu grand et je viens enfin te dire que tu n'es plus tout seul à supporter les erreurs de nos parents. Maintenant je suis capable de m'occuper de toi. Ce que tu as vécu n'était pas juste et ça n'a pas été facile pour toi, mais c'est fini tout ça. À partir de maintenant, je serai toujours là pour toi, parce que je suis adulte et que c'est moi qui décide pour nous deux. Je n'ai plus ton âge et je peux te protéger.

→ Dès lors, vous vous connectez à cet enfant blessé de la façon qui vous convient. Vous pouvez le déposer à l'intérieur de vos mains, le bercer sur votre cœur et l'y garder au chaud. Puis, vous le saluez et lui signifiez que vous le retrouverez matin et soir, jusqu'à ce qu'il soit convaincu que vous serez toujours là pour lui, jusqu'à votre dernier souffle à tous les deux. Personne ne l'aimera aussi indéfectiblement que vous. Pour le rencontrer plus facilement, vous pouvez pratiquer un ancrage en PNL*.

→ Une fois que vous l'avez laissé partir, reprenez vos esprits et répétez l'exercice si nécessaire.

Ces retrouvailles émouvantes vous ont fortifié. Elles vous montrent qu'aujourd'hui, vous avez en vous des ressources pour prendre soin de vous. À partir de cet espace, vous pouvez analyser la teneur de vos amours passés et comprendre pourquoi vous avez aimé passionnément ou désespérément dans la souffrance, la frustration, une personne qui, comme disait Marcel Proust[1] « ne vous plaisait pas, n'était même pas votre genre ».

1. Marcel Proust, *Un Amour de Swann*, Poche, 2006.

› J'analyse mes relations amoureuses passées

Quelles sont les trois partenaires qui ont le plus compté dans votre vie ? Si vous manquez de noms, incluez les relations platoniques ou courtes.

EXERCICE

→ À partir des trois personnes choisies, prenez une nouvelle feuille A4 que vous divisez en quatre colonnes et trois lignes (inscrivez-y les trois prénoms).

→ Dans la deuxième colonne, décrivez en quelques mots, en face de chaque prénom, son comportement récurrent qui vous agace le plus.

→ Dans la troisième, comment vous vous sentez.

→ Dans la quatrième, allez un peu plus loin et donnez un titre, comme celui d'un film, pour mieux décrire votre ressenti. Tâchez de connecter le titre du film avec le ressenti de l'exercice précédent.

→ Dans la cinquième colonne, écrivez votre synthèse.

Ainsi, Samantha, trente ans, a écrit en face de ce qui l'agace chez Jérémy : « Il déprime le week-end devant la télé ». Elle ajoute, colonne trois : « Je me sens ignorée. » Puis colonne quatre : « Je pourrais ne pas être là. » Sa synthèse, colonne cinq : « Je n'existe pas. »

En face de ce qui l'agace chez Sébastien : « Il pique des crises pour des détails. » Puis : « Je me sens abusée. » Plus loin : « C'est lui qui décide, je n'ai rien à dire » et au bout du compte : « Je n'existe pas davantage. »

Enfin, en face de Julien, elle commente : « Il mate les filles comme un malade quand on est en société, je ne compte pas, je suis ignorée, c'est comme si je n'existais pas ».

Que s'est-il passé pour que Samantha ait jeté son dévolu sur ces trois hommes ? Quels liens pourrait-elle établir entre ses ex et son histoire familiale ?

La scène d'enfance qu'elle a choisie était celle d'une dispute (si fréquente) entre ses parents. Fille unique, elle assistait, impuissante, à leurs crises. Chaque fois, son père, qui trompait allègrement sa mère, en profitait pour disparaître des semaines entières, jusqu'au jour où elle ne l'a plus revu. Élevée par sa mère dans une fusion totale, Samantha gérait tout dans la maison ; elle est devenue la mère de sa mère. Le jour de ses vingt-cinq ans, cette dernière lui a dit : « Si tu achètes un appartement et que tu me quittes, j'en mourrai. » Samantha a fini par acheter à vingt-sept ans et sa mère est décédée dans les trois mois qui ont suivi l'acquisition.

Coincée dans la tombe de sa mère avec la culpabilité de l'avoir tuée avant l'heure, conditionnée par le couple de ses parents pour lesquels elle faisait un peu partie des meubles, elle n'a rencontré que des hommes qui, une génération plus tard, ont reproduit sur elle, avec moins de violence, ce que sa mère avait vécu : « Tu ne comptes pas pour moi, je n'en fais qu'à ma tête et je n'ai aucun compte à te rendre. »

Ne croyez pas que le cas de Samantha soit caricatural ou exceptionnel. Il existe autant de façons de choisir un partenaire et autant de comportements amoureux qu'il existe d'individus. Toutefois, votre façon de vous lier à l'autre dépend de mille facteurs, de mille programmes et se répercute d'autant de façons.

• **Christophe, trente-deux ans**, humilie régulièrement en public sa compagne Aurélie, ex-enfant maltraitée. Excédée, Aurélie exige qu'ils aillent voir un psy. Ils viennent me voir ensemble. Au cours de l'entretien, Aurélie me donne l'exemple d'une attaque verbale qui s'est produite le week-end précédent, dans la cuisine de sa belle-mère, avec la complicité de cette dernière. Je découvre que

Christophe a un jumeau, qui était le chouchou de leur mère. Son frère se liguait avec elle pour le critiquer et le dévaloriser. Une fois que j'ai fait prendre conscience à Christophe qu'il reproduisait avec Aurélie le comportement de sa mère et de son frère à son égard, pour se venger d'eux, ses crises et sa violence ont cessé du jour au lendemain.

• Dans la famille de **Jean-Benoît, quarante ans**, tout était tabou, surtout les frasques de son père. Mais quand la bonne a traîné ce dernier devant les tribunaux pour qu'il reconnaisse sa fille illégitime, l'image de ces notables de province a explosé. Durant son adolescence, Jean-Benoît a dû composer avec la honte de sa mère. Par la suite, il est resté vieux garçon. Il a fait ainsi couple avec maman, et a réparé symboliquement la lubricité de son père. Inconsciemment, assumer sa virilité, c'était s'adonner au péché de luxure comme son père et faire souffrir sa mère.

Vos prétendants, vos ex, sont eux aussi d'anciens enfants blessés qui portent comme ils le peuvent, avec plus ou moins de conscience, les affronts subis. Généralement, l'un supporte et l'autre se venge. Le jeu du chat et de la souris est un grand classique de la vengeance. Le chat, s'il est sexy, s'il vous plaît, détient déjà un pouvoir sur vous, celui de vous mettre en attente, créant ainsi les germes de votre future dépendance affective. Vous allez en baver, comme lorsqu'autrefois vous étiez suspendu à la parole et à la décision des personnes qui vous ont élevé.

Les dépendances et autres addictions comptent parmi les freins les plus importants quand il s'agit de vivre une belle histoire. En effet, comment pouvez-vous être là, avec l'autre, dans l'instant présent si vous êtes anesthésié par votre dixième bière et obsédé par le nombre de personnes qui se sont connectées sur votre profil internet pendant votre rendez-vous et que vous êtes en train de rater ?

› Je traite mes addictions

Quel que soit leur dangerosité intrinsèque, les différentes formes d'addiction sont préjudiciables à la mise en place d'une relation amoureuse harmonieuse. En effet, vous ne pouvez pas aimer pleinement quand votre esprit est accaparé. S'il fallait les hiérarchiser, il faudrait le faire en fonction du temps pendant lequel elles occupent votre esprit et de la violence avec laquelle elles se manifestent.

Les manifestations et les conséquences de la drogue, de l'alcool, du jeu et des perversions sexuelles sont plus impressionnantes mais l'automédication inconsidérée, le tabac, les errances sur le Net, les horaires excessifs de travail, les achats compulsifs, le sport, les films, les romans à l'eau de rose à outrance, peuvent ruiner une relation.

Celles-ci ont deux fonctions. D'une part, elles permettent de retarder le moment de passer à l'action (elles vous empêchent d'atteindre votre objectif) et, de l'autre, elles servent à lutter contre des sensations diffuses de mal-être, cette fameuse montée de l'angoisse, liée au vide ontologique que vous connaissez bien. Face à la pulsion qu'il suscite, vous cherchez souvent des substituts, des compensations, dans l'optique de réprimer, contenir ou endormir vos peurs.

Toutes les distractions sont bienvenues, des plus « innocentes » et ponctuelles (recherche d'amis sur Facebook, *chat* avec un inconnu, gâteaux secs, etc.) aux plus immodérées et répétitives (psychotropes, orgies de *fast food*) pour éviter que les mauvais souvenirs et l'anxieté ressurgissent. Qui aurait envie de les affronter ?

Et vous, quelles attitudes pourraient vous éloigner de votre but ? Quand vous ne faites pas ce que vous avez à faire (procrastinez), quand vous faites ce que vous ne devriez pas faire (effectuez des tâches non prioritaires), par exemple quand vous passez trop de temps devant la télévision au lieu de vous occuper de vos tâches administratives, vous vous sabotez gentiment, mais vous vous sabotez !

D'une manière générale, quelle que soit la nature et l'intensité de l'addiction, elle passe toujours par le même mécanisme : un besoin irrépressible qu'il faut nourrir. La capacité d'autorégulation, capacité de maintenir un état émotionnel interne raisonnablement stable, n'étant pas innée, une personne dont l'autorégulation est déficiente devient dépendante de « choses extérieures » qui agissent sur son humeur et la calment quand elle déborde d'un trop-plein d'énergie intérieure mal dirigée.

D'après le docteur Gabor Maté[1], les enfants en carence maternelle (ou affublés d'une mère ou d'une nourrice triste ou préoccupée) stressent et leurs cerveaux ne se développent pas dans les meilleures conditions, ce qui les fragilise à l'égard des dépendances. Les moments délicats de votre parcours, les violences subies, directes ou indirectes, physiques ou psychologiques, ont laissé des traces cérébrales. Les personnes qui ont vécu des situations douloureuses dans leurs premières années éprouvent forcément plus de difficultés que les autres à couper les liens toxiques. Ainsi certains individus en dépendance affective sont incapables de bloquer un *date** qui ne leur veut pas du bien sur leur smartphone. L'idée même de couper définitivement le lien les rend fous.

Certains dépendants ont subi des éducations tellement rigides et excessives qu'ils n'acceptent plus aucune contrainte et s'organisent soit pour ne plus jamais manquer, soit pour ne ressentir aucune limite dans leur vie.

Dans tous les cas, le manque ou le trop d'attention, le fait de porter la dépression d'un parent ont créé une fêlure et, sans doute, généré l'attente d'une approbation qui n'est jamais venue.

1. Gabor Maté, *Les dépendances, ces fantômes insatiables*, Éditions de l'Homme, 2009.

Christine, quarante-huit ans, n'avait pas conscience qu'elle était devenue alcoolique, malgré une maman, un ex-mari, un ex-compagnon tout aussi atteints. Quand elle était petite, sa mère dissimulait une bouteille dans un placard. Christine la voyait, à travers l'embrasure de la porte, boire à petites gorgées. Plus tard, c'est quand elle a entendu sa propre fille, enceinte, dire qu'elle se damnerait pour un pastis si elle le pouvait, qu'elle a pris conscience de son addiction et de celle de ses enfants.

Elle a dû affronter la réalité. À chaque sortie, elle ne comptait plus les verres pris. Elle trouvait toujours un bon samaritain pour la ramener chez elle au petit matin, lorsqu'elle rentrait, ivre. En loyauté avec sa mère, décédée d'une cirrhose du foie quand elle avait vingt ans, Christine avait enchaîné les partenaires portés sur la boisson. Ces amours mâtinés d'alcool lui rappelaient ses vertes années et lui permettaient de rester en lien avec sa maman.

La plupart du temps, les gens ne se rendent pas comptent qu'ils ont une addiction. Parfois, il suffit de leur en faire prendre conscience pour qu'elle diminue ou disparaisse.

Lorsque **Sylvie, cinquante ans**, a pu voir avec la distance de l'adulte ce qu'avait traversé autrefois la petite fille qu'elle était, élevée par une maman qui se cachait pour boire, elle a réalisé à quel point la situation avait dû être violente. Cette expérience douloureuse a brisé sa spontanéité et l'a traumatisée. Elle portait la peine et le secret de sa mère. Sylvie aurait tellement voulu la rendre heureuse. Cependant, découvrir qu'elle s'imposait à elle-même, par le biais de l'alcool, le même traitement que sa mère lui avait imposé des années durant, l'a bouleversée.

Mais très vite, prendre conscience qu'elle n'était pas plus présente pour elle-même que sa mère ne l'avait été a généré en elle une énergie et une force qu'elle ne soupçonnait pas pour reprendre sa vie en main. Pour s'en sortir, elle a mis en place des solutions concrètes. Elle a cessé de retrouver ses amis lors de soirées pendant quelques mois, a jeté les bouteilles en stock pour éviter le petit apéritif destiné à calmer l'angoisse du soir. Elle a en outre parlé à son fils, qui suivait le même chemin. Parallèlement, elle s'est fait aider par un médecin spécialiste des addictions et les AA (Alcooliques anonymes)[1].

Pour comprendre la cause et l'origine de l'addiction, faites-vous aider et regardez, derrière le symptôme, quelle blessure vous avez traversée. Sa profondeur, la douleur qu'elle suscite diffèrent selon chacun. Parfois, elle est occultée ou déniée, ce qui complique sa guérison.

Les thérapies brèves comme l'Hypnose, l'EFT* (Emotional Freedom Technics), dont nous parlerons plus loin, les groupes de soutien pour dépendants ou ceux de Gestalt*, la Méditation pleine conscience*, fonctionnent bien pour certaines personnes. Tout dépend de la motivation, de l'ancienneté de l'addiction, du parcours, du désir d'en sortir.

Les addictions plus « standards » se résolvent plus facilement. À ce stade, vous avez pris de la distance avec les (mauvaises) habitudes qui parfois vous empêchent de sortir de chez vous et vous évitent d'aller à la rencontre de l'autre. Vous avez peut-être décidé, par exemple, de consacrer moins de temps à regarder des séries télévisées et plus à vous occuper de vos enfants. Vous avez aussi pris de la distance, tout du moins émotionnellement, avec votre famille et, peut-être, avec des personnes de votre entourage avec lesquelles vous ne vous sentez pas à l'aise ou qui ne vous font pas du bien.

1. http://www.alcooliques-anonymes.fr/ http://www.aafrance.fr/

EN RÉSUMÉ

Votre objectif, si vous ne l'avez pas déjà atteint, est de ne plus regarder vos parents avec passion, c'est-à-dire dans la souffrance face à leur manque d'attention à votre égard, mais avec compassion. En d'autres termes, non plus du point de vue de l'enfant en colère pétri de revendications, mais de celui de l'adulte apaisé que vous êtes devenu. Voyez-les tels qu'ils sont, avec leurs fragilités, leurs enfances endeuillées, tourmentées ou pauvres, leurs parcours pas toujours faciles. Dès lors, mesurez la chance que vous avez eu d'être né de cette union et d'être là aujourd'hui. Accéder à la gratitude, c'est préparer le terrain pour accueillir votre prochain compagnon.

J'éprouve de la gratitude pour mes parents, qui m'ont donné la vie

Vous êtes le résultat de ce spermatozoïde vivace, le gagnant qui a fécondé l'ovule et votre vie est précieuse. Pourquoi la perdre à en vouloir à vos parents, consciemment ou inconsciemment, alors que ce cadeau magnifique vous permet de respirer le printemps, sentir le vent sur votre peau, goûter un bon du vin, voir des paysages époustouflants, savourer un baiser ?

Il serait bienvenu que vos ressentiments et vos jugements à l'égard de vos parents laissent la place, bien au-delà du pardon, à la gratitude*.

› Merci la vie !

N'avez-vous pas souvent entendu l'expression « Merci la vie » ? Elle signifie à la fois que la personne est heureuse d'un cadeau qui lui est fait mais surtout, qu'elle éprouve de la gratitude à l'égard de ce don. « Merci », le fameux mot magique que les mamans enseignent à leurs enfants, le mot qu'on aurait tellement aimé entendre après avoir tant offert à l'autre, mais qui n'est pas venu… Et depuis, la fâcherie s'est installée et on ne se parle plus !

Attention à l'amour-propre (qui ne le reste jamais longtemps) dans la cape duquel vous pourriez vous draper, histoire de ne rien devoir à personne. Combien en ai-je vu qui se croyaient auto-suffisants, se caparaçonnaient et refusaient de laisser l'autre entrer dans leur intimité ?

À l'inverse, lorsque la gratitude s'exprime, les portes s'ouvrent. La gratitude est une grâce, le début de tout. La gratitude[1] ne s'impose pas. Elle est avant tout un choix, une attitude de vie pour nourrir son cœur ; elle se développe au jour le jour :

- je ne prends rien pour acquis,
- je ne me laisse pas abattre par les difficultés que je rencontre,
- je n'attends rien, je donne et je reçois aisément, sans attachement ni aversion.

QUESTIONNAIRE

Je vérifie que j'ai fait le choix de la gratitude.

Oui Non

❑ ❑ Êtes-vous profondément reconnaissant envers les autres, envers la vie dans les gestes de la vie quotidienne ?

❑ ❑ Êtes-vous capable de vous dire « je m'aime » ?

❑ ❑ Êtes-vous capable de dire à l'autre « je t'aime » en soulignant les qualités que vous appréciez chez lui ou elle ?

❑ ❑ Êtes-vous capable de profiter de la vie en toute circonstance ?

❑ ❑ Pouvez-vous donner et recevoir facilement ?

❑ ❑ Vous sentez-vous toujours à l'aise quand vous recevez ?

❑ ❑ Avez-vous l'impression d'avoir une dette envers la personne qui vous offre quelque chose ?

❑ ❑ L'avez-vous remerciée trois fois plutôt qu'une ?

❑ ❑ Êtes-vous capable d'apprécier qui vous êtes, avec vos qualités et aussi vos parts d'ombre (peurs, doutes, manques, imperfections, fausses croyances, égocentrisme...) ?

1. http://www.psychologies.com/Moi/Moi-et-les-autres/Relationnel/Articles-et-Dossiers/Dire-merci/La-gratitude-ca-fait-du-bien

❑ ❑ Reconnaissez-vous que l'univers vous apporte déjà beaucoup ?

❑ ❑ Prenez-vous la responsabilité de vos actes ou vous dites-vous souvent : « C'est à cause de... mes parents, mes aïeuls, mon compagnon... » ?

Résultats

Rien que le fait d'être vivant est un cadeau ! Honorez la vie. Focalisez-vous sur ce qui va bien dans votre vie plutôt que le contraire.

Émerveillez-vous devant la vie, remerciez-la pour les moments merveilleux qu'elle vous offre ! Chaque fois que vous remerciez, vous êtes dans la joie ; elle vient de la gratitude, elle ne peut naître de la plainte. Chaque fois que vous râlez, vous tombez dans la tristesse. À force de focaliser sur ce qui manque, de vous plaindre, vous ne cultivez pas la gratitude, encore moins votre joie. Comme vous le constatez, la gratitude est en connexion directe avec la joie.

› Je fais le choix de vivre dans la joie

Dans le monde occidental en général, et plus particulièrement en France, il est fréquent de ne voir que ce qui ne va pas. C'est dommage car, en 2006 déjà, Dominique Chapot[1], psychothérapeute, considérait la joie comme une grande richesse, l'arme la plus efficace contre la peur, la force qui dynamise votre existence, une énergie renouvelable : plus vous en usez, plus vous en recevez. Sa force extraordinaire vous grandit.

Déceler sa présence constante en vous et l'attiser régulièrement vous garantit d'être la bonne personne, au bon moment, à la bonne place dans une relation épanouissante.

1. Dominique Chapot, *Et si on choisissait d'être heureux ?* Éditions du Seuil, 2006.

La joie, émotion puissante, constitue l'essence même du vivant. Sa permanence et sa force poussent à poursuivre votre chemin, à savourer vos expériences, à vivre intensément. Regard lumineux, visage accueillant, il ne tient qu'à vous de rayonner la joie de vivre.

Frédéric Lenoir, philosophe et sociologue, en parle d'une autre façon : « J'aimerais proposer ici une voie d'accomplissement de soi fondée sur la puissance de la joie. Une voie de libération et d'amour, aux antipodes du bonheur factice proposé par notre culture narcissique et consumériste, mais différente aussi des sagesses qui visent à l'ataraxie, c'est-à-dire à l'absence de souffrance et de trouble[1]. »

Vous accédez à la joie chaque fois que vous augmentez votre puissance vitale, que vous vous sentez aimé, que vous aimez à votre tour, que vous vous sentez vivre plus et mieux, que votre cœur s'ouvre d'avantage. Dès lors, vous gagnez quelque chose, vous apprenez, vous progressez. Favorisez son émergence, valorisez-la comme une expérience positive qui permet d'adhérer à la vie, de lui dire oui, malgré tout, de l'accepter comme elle est et pas comme vous voudriez qu'elle soit.

Ainsi, vous ne chercherez plus à tout contrôler (chose impossible à faire). La rigidité, la certitude, la volonté de contrôle vous rendront malheureux et vous serez toujours déstabilisé. Et si vous êtes déstabilisé alors que vous êtes verrouillé par vos convictions négatives, vous allez vous écrouler. En revanche, si vous êtes déstabilisé alors que vous êtes souple comme un roseau, vous plierez certes, mais vous ne serez jamais déraciné. Si vous voulez être heureux, développez la flexibilité, la souplesse, l'adaptabilité, la capacité d'accompagner joyeusement le mouvement permanent de la vie.

1. Frédéric Lenoir, *La Puissance de la joie*, Fayard, 2015.

La joie de vivre gît en vous, sous-jacente, telle une source recouverte de cailloux (l'égo, le mental, les peurs), qui vous empêchent d'accéder à cette spontanéité de relation à la vie ; cette spontanéité fluide, vous l'aviez dans l'enfance et elle s'est perdue au cours de vos apprentissages et de la mise en place des blocages et des peurs.

Pour accéder à une joie active et permanente, voici quelques propositions :

- **L'attention :** la joie est souvent déclenchée par une expérience sensorielle. Portez votre attention sur vos sens et votre ressenti, ici et maintenant. Plus vous êtes sensible à la beauté de la nature, au sourire d'un passant, au babillage d'un nourrisson, à une odeur familière pleine de souvenirs heureux, plus vous multipliez les opportunités de vivre dans la joie.
- **La présence :** soyez totalement à ce que vous faites, comme s'il s'agissait de la chose la plus importante au monde. Soyez totalement présent. Pendant ce temps, le discours incessant et souvent vain de vos pensées ne vous pollue plus et libère de l'espace pour respirer la joie. Vous serez ainsi plus présent lors de la rencontre.
- **La méditation :** grâce à la méditation, vous développez vos qualités de présence et d'attention, à la fois dans vos expériences, vos sensations et dans vos pensées. Vous pouvez méditer dans des groupes, une fois par semaine, à proximité de chez vous ou de votre lieu de travail. La force et l'énergie du groupe décuplent le processus. À défaut, choisissez la méthode qui vous convient parmi les CD qui traitent de cette thématique ainsi que les baladodiffusions offertes sur le Net.
- **La confiance et l'ouverture du cœur :** « Ouvrir son cœur, pour Frédéric Lenoir, c'est accepter de vivre dans une certaine vulnérabilité, accepter la

possibilité de tout accueillir, y compris celle d'être blessé. C'est avoir confiance dans la vie. » Autrement dit, si vous avancez masqué, vous dissimulez vos ombres, vos angoisses, alors que si vous vous montrez tel que vous êtes, vous attirerez des personnes sur votre longueur d'onde. Communiquer de cœur à cœur, dans l'authenticité, remplit d'allégresse et motive pour davantage d'ouverture. Cette posture implique de ne pas refouler sa sensibilité lorsqu'elle affleure et de révéler les émotions qui la sous-tendent. Se montrer, même fragile, ne réveille pas chez l'autre les mêmes attentions que si vous jouez un rôle.

- **La bienveillance :** la bienveillance fait taire la jalousie et l'amertume relatives à l'envie. De surcroît, elle vous libère des jugements, des comparaisons, des prises de tête à vous demander pourquoi vous n'avez pas encore ceci, qu'est-ce que l'autre a de plus que vous, pourquoi « ça » vous arrive à vous, etc.
- **La gratuité :** donner, offrir de votre temps, sortir de la rentabilité, de l'amortissement, de la justification… vous libérera tout autant.
- **La persévérance dans l'effort :** chaque fois que vous prenez autorité sur vous, que vous ne vous laissez pas happer par le côté obscur de la force, vous faites appel immédiatement à la part lumineuse de vous-même. Et plus vous prenez autorité sur vous, plus vous prenez confiance en vous, plus vous avez envie de persévérer dans vos efforts et plus particulièrement de réaliser votre objectif : trouver l'amour.
- **Le lâcher-prise et le consentement :** derrière l'aspect spirituel et bouddhiste de cette proposition, vous êtes invité à ne pas lutter contre ce qui est. Vous vous arc-boutez furieusement sur une posture extrême jusqu'au-boutiste ne changera pas la réalité (il pleut, votre feuille d'impôts vient d'arriver, votre

collègue est malade et le retard s'accumule). Alors, acceptez ce qui est.

- **La jouissance du corps :** pratiquez une activité physique, prenez soin de votre corps, respectez-le pour qu'il vous soutienne le plus longtemps possible, dans de bonnes conditions. Ne négligez pas le plaisir, la jouissance qui apporte joie, détente, bien-être, plénitude, abandon, nourriture affective…
- **La gratitude :** cette attitude se fonde sur l'abondance : tout ce dont vous avez besoin existe déjà, il vous suffit d'y être ouvert. Apprendre à donner sans rien attendre en retour vous permet d'apprendre aussi à recevoir avec joie et abandon. Rendez grâce à la vie, chaque matin, célébrez la nouvelle journée du vivant où tout est possible, plus particulièrement la vraie, la belle rencontre…
- **Et tout simplement aimer :** aimer, c'est accueillir l'autre dans sa globalité, sans jugement, sans reproches, sans condition. Observez la façon dont vous aimez vos amis, vous saurez comment accepter l'autre comme il est, sans chercher à le changer et apprécier autant ses défauts que ses qualités. Aimez et vous serez aimé…

Plus vous cultiverez la joie, plus vous serez joyeux, plus vous vous sentirez heureux. Grâce à la pratique de la pensée positive, vous ancrerez davantage la joie en vous.

› Je pratique la pensée positive

Il y a une quarantaine d'années, Louise L. Hay, pionnière du développement personnel outre-Atlantique, a créé une sorte de révolution. Elle a influencé toute une génération de penseurs et de chercheurs par la création des affirmations positives et de la pensée positive et créatrice. Cette approche, qui paraissait à l'époque très *New Age*,

... depuis prouvé son efficacité. Dans son best-seller[1], elle explique comment planter les graines du changement dans votre vie.

Ce discours, si connu aujourd'hui, n'a pas perdu de sa fraîcheur. Rajouter un peu de Louise Hay à vos rituels du matin ne vous fera que du bien : « Vous possédez le pouvoir et l'autorité dans votre monde ! Vos pensées et croyances passées ont créé cet instant et tous ceux qui l'ont précédé. Ce que vous choisissez maintenant de croire, de penser et de dire créera l'instant suivant, le jour, les mois prochains et tout votre avenir. Je choisis de renoncer à mes pensées négatives. »

Elle a inventé le travail du miroir. Ce procédé, en apparence simple et naïf, s'avère fort efficace pour se reprogrammer à mieux s'aimer. Il suffit de se regarder dans un miroir et de se dire « Je t'aime » et d'autres compliments. Cet outil, très puissant, a fait pleurer en direct des salles entières qui assistaient à ses conférences. Elle propose aussi des affirmations à dire chaque matin, sortes de mantras qui vont dans le sens de la joie et de la gratitude :

Je m'aime et je m'approuve ; je m'aime et me respecte comme je suis.
Je remercie la vie pour tout ce qu'elle me donne.
Ce jour est l'un des plus beaux de ma vie. Tous ce que je dois savoir se révèle.
J'ai pris ma vie en main. Une grande prospérité m'attend.
Je vais de mieux en mieux.
Tous s'arrange maintenant et divinement pour moi.
Je trouve la solution idéale à ma situation.
La vie m'aime et je suis en sécurité.

1. Louise L. Hay, *Transformez votre vie*, Marabout, 2013.

EN RÉSUMÉ

Vous êtes sur un bon chemin. Vous avez obtenu des clés pour honorer la vie, choisir de vivre dans la joie, vous regarder avec davantage de bienveillance et pratiquer la pensée positive. Vous allez maintenant conforter vos acquis à l'aide d'autres méthodes tout aussi efficaces.

Le stress
ne passera plus par moi

D'autres pratiques, issues de la recherche en neurosciences appliquées (RNA), vous aideront à garder le contact avec cette merveilleuse émotion qu'est la joie. Le docteur Yann Rougier, auteur du livre *Se programmer pour guérir*[1] et fondateur de la Delta médecine[2], propose cinq pratiques simples, gratuites et faciles à appliquer, susceptibles de révolutionner votre vie.

› La respiration

Le simple fait de respirer (et surtout d'expirer) plus lentement, profondément et paisiblement, ralentit le rythme des battements cardiaques au bout de quelques secondes. Ce ralentissement peut également induire une légère baisse de la pression artérielle. C'est donc tout le système cardiovasculaire qui bénéficie de cette « accalmie cardiaque ». Du même coup, une chaleur bienfaisante, un bien-être, parfois même une paix intérieure envahissent progressivement le corps et l'esprit.

Ainsi, votre souffle mieux contrôlé peut participer aussi bien à vos fonctions métaboliques et cardiovasculaires qu'à votre équilibre psycho-émotionnel. La plupart du temps,

1. Yann Rougier, *Se programmer pour guérir*, Albin Michel, 2010.
2. http://delta-medecine.org/

vous considérez votre respiration comme un simple réflexe, alors que vous pourriez en faire un instrument essentiel de bien-être et de l'entretien de votre santé.

Enfin, ce contrôle respiratoire, et l'apaisement cardiaque qu'il entraîne, contribuent ensemble à apaiser les tensions aussi bien musculaires que nerveuses. Lorsque vous ralentissez votre rythme respiratoire de manière à diminuer de moitié le nombre de respirations par minute (vous passez par exemple de quatorze à sept), vous vous apercevez rapidement que le fonctionnement mental se calme, les idées ralentissent leur course effrénée et le stress relâche son étreinte. Puis vos émotions suivront cet apaisement positif global.

L'un des grands avantages de ces exercices respiratoires réside dans leur simplicité d'exécution et leur rapidité d'action.

La « magic SB2 » (stress break breathing)

Le SB2 est un outil simple et rapide (moins de 3 minutes) qui permet de casser tous les processus de stress ou de fatigue nerveuse. Son effet est quasi immédiat. Vous pouvez le réaliser à n'importe quel moment, au bureau, en famille, au sport, entre deux exercices, comme un réflexe de santé dans votre vie.

PASSEZ À L'ACTION[1]

VOIR EN VIDÉO

→ Asseyez-vous sur une chaise, les mains posées à plat ou retournées sur les genoux, suivant votre confort, les épaules détendues,

1. http://delta-medecine.org/videos-pratiques/video-10-delta-respiration-sb2-le-reflexe-anti-stress.html

la nuque sans crispation, le menton légèrement rentré, comme tend… par un fil qui passerait par le sommet de la tête.

→ Commencez juste par un soupir.

→ Utilisez le pouce gauche pour bloquer la narine gauche.

→ L'inspiration, suite à ce soupir, va se faire par la narine droite, durant à peu près trois secondes.

→ L'expiration va se faire par la bouche mais d'une façon très précise. Il va falloir expirer en pinçant les lèvres, en serrant les muscles péribuccaux (autour de la bouche) et en freinant l'air qui va sortir, comme si vous vouliez souffler avec un mince filet très loin devant vous. Vous devez entendre le bruit de l'expiration. Elle dure le double de l'inspiration, soit six secondes.

→ Lorsque vous terminez la dernière expiration par la bouche (mince filet), vous changez de narine et vous recommencez à inspirer trois secondes par la narine gauche.

→ Vous accomplissez ainsi trois cycles respiratoires avec chaque narine.

Le fait de bloquer une narine déprogramme le cerveau d'une respiration automatique où, sous l'effet du stress, vous avez bloqué la poitrine, certainement encore plus la respiration abdominale, et avez emmagasiné beaucoup d'air résiduel ; vous vous auto-asphyxiez en état de stress.

Lorsque vous expirez en freinant l'air, une partie de l'air vient buter contre vos lèvres serrées et repart dans l'arrière-gorge jusqu'aux bronches, puis aux bronchioles, puis jusqu'aux alvéoles pulmonaires. Cette contre-pression déplisse vos alvéoles pulmonaires qui ont été contractées par le stress. Vous avez donc une augmentation quasi immédiate de la surface d'oxygénation de votre sang.

Enfin, la seconde phase de cette respiration, dans laquelle vous alternez narine gauche et narine droite, permet, en fonction de l'innervation des narines, de réharmoniser les deux systèmes nerveux qui mènent votre corps et qui vous équilibrent dans le stress : le système sympathique et le parasympathique.

À la fin de la dernière expiration, prenez quelques secondes de détente, laissez les idées revenir progressivement. Face à la satisfaction présente, savourez ce nouvel état, obtenu très rapidement, de non-stress.

Le *Body-Scan*

Cette technique centrée sur le souffle présente d'emblée plusieurs avantages. Tout d'abord, sa mise en application est quasi immédiate. Il suffit de cinq petites minutes pour mettre en œuvre le premier exercice respiratoire.

Deuxième avantage : cette technique agit très rapidement au niveau nerveux et cardiovasculaire et ses bénéfices sont immédiatement perceptibles en termes d'apaisement et de mieux-être.

Enfin, elle permet d'alléger, en quelques séances si besoin, la violence d'un choc émotionnel, quelle que soit son origine.

Pour en comprendre le processus, les bases du *Body-Scan* sont expliquées ci-dessous. Je vous suggère de vous familiariser avec le concept, puis de pratiquer en suivant la vidéo sur le Net grâce au lien proposé. Cet exercice de *Body-Scan*, bien pratiqué, vous apaisera et vous redonnera du peps.

Dans la mesure où ne pas penser est impossible, être guidé par des phrases mnémotechniques vous permettra de faire une cassure par rapport aux idées récurrentes qui tournent dans votre tête et vous polluent.

PASSEZ À L'ACTION[1]

VOIR EN VIDÉO

→ L'exercice prend en compte dans un premier temps les chevilles, les mollets, les genoux puis vous remontez progressivement dans votre corps en prenant conscience de cet espace personnel le plus précieux, l'enveloppe corporelle. Les cuisses, le bassin, le bas-ventre, le nombril, le thorax, les épaules, les mains, les avant-bras, les coudes, les bras seront alors concernés.

→ Vous aurez progressivement de la lumière dans tout votre espace corporel.

→ Comme dans l'exercice précédent, le menton est légèrement rentré. Un petit fil invisible part du haut du crâne et tient la nuque droite. Les épaules sont relâchées, sans tension. La colonne vertébrale est droite, le bassin à peine poussé vers l'avant (contractez légèrement les abdominaux).

→ Si vous perdez votre concentration, souvenez-vous de garder un visage souriant, pour détendre vos muscles, et de conserver les épaules relâchées. Puis vous continuez à répéter les phrases :

→ « J'inspire la lumière et je sais que j'inspire la lumière. Je retiens mon souffle et je sais que je retiens mon souffle. J'expire et je mets cette lumière dans mes pieds. J'expire et je mets cette lumière dans mes pieds.

→ J'inspire la lumière et je sais que j'inspire la lumière. Je retiens mon souffle et je sais que je retiens mon souffle. J'expire et je mets la lumière dans mes chevilles. J'expire et je mets la lumière dans mes chevilles. »

→ Une fois que vous aurez irradié toutes les parties de votre corps avec cette boule de lumière, vous conclurez l'exercice.

1. http://delta-medecine.org/videos-pratiques/video-16-outil-n-4-la-delta-relaxation-body-scan.html

→ « Une dernière fois, j'inspire doucement, je me nourris de cet air que j'inspire, de lumière, force, joie santé. Je retiens une dernière fois dans mes poumons avec plénitude cette nouvelle énergie. J'expire très lentement. »

→ Tout votre corps est rempli d'une nouvelle confiance et d'une nouvelle énergie.

→ Lors de la dernière inspiration : ouvrez les yeux à la vie, avec une nouvelle énergie et en votre corps et en votre chemin de guérison. Employez le mot guérison (des blessures) au sens large...

Les exercices décrits ci-dessus, le SB2 et le *Body-Scan,* sont excellents pour le stress. Ils vous aideront à réussir vos prochains rendez-vous. Faites-les avant de partir de chez vous et vous serez plus détendu et lucide.

Compte tenu des spécificités de chacun, je préfère proposer différents outils, susceptibles de vous maintenir le plus possible dans la joie. Ils vont vous dynamiser et probablement changer la vibration sur laquelle vous émettez. Vous aurez alors plus de chance d'attirer des partenaires qui émettent sur la même fréquence que vous.

› Je me reprogramme par l'EFT

L'EFT (Emotional Freedom Technics)* ou Technique de libération émotionnelle, est une méthode très simple, souple et rapide supposée réduire l'intensité de souvenirs traumatiques. Un attrait non négligeable la caractérise : vous pouvez l'utiliser seul chez vous ou la combiner avec d'autres approches.

Si vous tapez sur Internet « EFT et amour » (passion, âme sœur, etc.), vous serez étonné du nombre de propositions gracieuses[1]. Des centaines de vidéos traitent de la

1. http://www.guerir-eft.com/

thématique qui vous intéresse avec, en sus, la possibilité de gérer les peurs, les phobies, les blessures et les angoisses. Si vous passez une dizaine de minutes par jour à utiliser l'EFT sur les problématiques qui vous freinent, vous devriez voir des changements subtils mais réels. Vous pouvez aussi consulter un thérapeute sur le site de l'Association française d'EFT[1] pour démarrer et maîtriser rapidement la méthode.

Cette technique énergétique, inventée par Gary Craig, appartient à la même famille que l'acupuncture, l'acupression, le shiatsu, la kinésiologie, la réflexologie ; elle permet de reconnecter l'esprit et le corps. Elle vise à rééquilibrer des flux énergétiques qui circulent le long des méridiens et agirait sur les causes des émotions négatives et sur les douleurs physiques. D'aucuns la comparent à une « acupuncture sans les aiguilles ». Elle offre des résultats rapides. Son efficacité reposerait sur le fait qu'elle agit à la fois sur les blocages énergétiques, les maux corporels et l'esprit.

Le tapotement ou « tapping » consiste à tapoter avec ses doigts pour stimuler des points situés sur des méridiens d'acupuncture, tout en répétant, de préférence à voix haute, des phrases que vous allez apprendre. Vous pourrez par la suite les répéter seul chez vous.

Au départ, quand vous énoncerez votre problème à voix haute tout en tapotant le sommet de votre tête, le visage, le haut du corps et les mains, vous serez surpris de cette façon de faire pour régler des problèmes, même anciens. De surcroît, après un peu d'entraînement devant les vidéos, vous allez vite maîtriser le concept et l'orienter de façon à vous recentrer sur votre objectif.

L'EFT propose une mise en situation intéressante. Ainsi, sur une échelle de zéro à dix, à combien mesurez-vous votre désir de rencontrer quelqu'un ? À combien mesurez-vous le blocage que vous avez identifié ? Dans la foulée, vous pourriez mesurer aussi l'intensité de la colère

1. http://www.association-francaise-eft.fr/

que vous éprouvez encore à l'égard de votre ex et éventuellement viser à l'apaiser. Vous avez le choix entre vous laisser guider ou traiter directement ce qui vous dérange, en fonction de votre ressenti.

Si vous avez vu vos parents malheureux ensemble, si l'un deux a quitté l'autre et que vous êtes resté avec celui qui déprimait, alors vous avez inconsciemment engrangé des souvenirs négatifs qui se sont peut-être transformés en croyances et souvent en blocages.

Dans cette optique, la vidéo de démonstration de Sarah Volfin Frachon[1], coach de vie, vous propose des exemples de phrases à prononcer en même temps que vous pratiquez le tapping pour éliminer vos doutes, votre manque d'estime de vous-même, vos peurs ou formuler vos blocages.

PASSEZ À L'ACTION

VOIR EN VIDÉO

→ Attention, vous devez parler et tapoter en même temps.

→ « Même si j'ai peur de tomber amoureux (et ça fait peut-être très longtemps que ma vie est bloquée), j'ai vraiment trop peur de l'échec, je m'accepte complètement et profondément. »

→ « Même si je n'imagine pas de rencontre amoureuse parce je ne veux plus prendre de risque, je m'accepte complètement avec toutes mes peurs, avec tous mes blocages. »

→ « Même si j'ai peur de rencontrer quelqu'un parce que j'ai tellement été déçu... Je m'accepte complètement et profondément. »

→ Une progression dans les phrases, associées au tapotement, vise à balayer le spectre des croyances et des peurs. Le formuler ainsi pose des mots, apporte de la conscience, définit plus précisément

1. https://www.youtube.com/watch?v=qQ2MiY7-ZVM

les blocages et atténue leur intensité grâce à un processus qui part de vos ombres et vous guide progressivement vers des croyances transformées et positives.

→ « Et si je pouvais me faire confiance ? Et si je vivais simplement le plaisir de l'échange... J'ai tellement oublié le plaisir d'être avec l'autre. Et si je me ré-autorisais ce plaisir ? Et quoi qu'il arrive je me pardonne, je fais du mieux que je peux avec ce que je suis. »

Cette méthode peut vous aider à déblayer des blocages et des croyances stockés en vous et faire de la place pour accueillir une personne qui vous convient. Une fois vos croyances et peurs derrière vous, je vous invite à définir plus précisément qui vous voulez rencontrer.

EN RÉSUMÉ

Les différents outils proposés vous aideront à sortir des moments pendant lesquels vous vous sentirez dans une impasse ou attaqué par une crise d'angoisse. Ils consolideront vos acquis et vous permettront de préparer le terrain.

Je prépare
le terrain

Paradoxalement, ce qui compte n'est pas tant l'autre que la relation qui se tisse lorsque vous êtes ensemble. Certes, vos critères sont importants, sans doute certains ne sont pas négociables, toutefois vous pourriez vous ennuyer à mourir avec la personne « parfaite » qui remplit toutes les cases.

› Je sais qui je veux rencontrer

Attention à ne pas vous faire piéger par un être au physique super sexy mais dont la capacité émotionnelle serait limitée par rapport à vos attentes. Pour autant, au-delà du fait de cocher les cases lors de la rencontre, veillez à la qualité de présence de l'autre à votre égard, à son attention et à ce qu'il a envie de partager avec vous.

À partir de là, réfléchissez à son style de vie. Aimeriez-vous qu'il vous suive dans votre vie trépidante ou le contraire ? Souhaitez-vous être adopté par une bande d'amis sympas et des parents de substitution ou les vôtres sont-ils tellement formidables que, quoi qu'il advienne, ils ont la priorité ?

Aimez-vous boire et faire la fête, danser jusqu'au petit matin, prendre des bains de minuit, transgresser quelque peu ou n'avez-vous jamais été inspiré par ces comportements ?

Partez-vous en week-end à Berlin, Vienne ou Barcelone dès que possible ou préférez-vous marcher trois jours sur les sentiers de Compostelle ?

EXERCICE

→ Le temps est venu de prendre une feuille de papier A4 et de faire une description de la personne que vous souhaitez rencontrer.

→ Posez les critères importants pour vous.

→ Écrivez au présent, comme si vous étiez déjà en train de vivre cette merveilleuse idylle et relisez votre prose chaque jour pour vous en inspirer davantage.

→ Vous l'avez compris, plus vous serez précis, plus vous aurez une chance que votre rêve devienne réalité. Racontez quel type de relation vous avez envie de partager ?

→ Puis déclinez les modes et rythmes de vie, les activités qui déterminent vos vacances (Mozart à Salzbourg ou techno à Ibiza). Les points incontournables sont les suivants :

→ La date (quand serez-vous ensemble ?) Ce point est essentiel. Oublier la date revient à reporter votre idylle *sine die*. Restez lucide, ne choisissez pas une date trop proche (dans une semaine) ou trop lointaine (dans deux ans). Par exemple : « Je passe l'été prochain (préciser l'année) avec la personne que j'aime et qui m'aime dans le projet, la durée. »

→ Exprimez vos souhaits en termes positifs : « Une femme sensuelle, qui aime faire l'amour avec moi cinq fois par semaine et plus. » « Un homme qui m'est fidèle, exclusif et fou de moi. »

→ Le projet que vous allez partager : « Elle devient mère avec moi. » « Il prend sa retraite en même temps que moi, en telle année. »

→ Ses valeurs : « Il est fiable, constant, courageux, centré sur la famille. » « Elle est loyale, fidèle, éthique. »

→ Son environnement : « Ses amis sont sympas. Ses parents m'accueillent. Ses enfants m'adoptent... »

→ Ses goûts, ses passions, ses activités : « Il chante comme moi » ou « elle me suit dans mes concerts. » ou « Chacun a ses propres activités » ou « il me fait découvrir ce qu'il aime. »

→ Son lieu de vie : êtes-vous prêt à déménager et à demander à vos ados de changer d'école ?

Le désir d'enfants

Bien qu'il n'existe aucune règle en la matière, après quarante-cinq ans, pour les femmes, la perspective de démarrer une famille avec des hommes célibataires devient plus compliqué. Généralement, ces derniers ont déjà une progéniture qui les occupe au moins un week-end ou une semaine sur deux et la moitié des vacances scolaires. Ils n'ont, *a priori*, aucune envie de recommencer à pouponner. Et, s'ils y consentent, il faudra négocier avec des situations parfois compliquées.

L'âge de ses enfants

Si vous êtes déjà parent, cherchez-vous à recomposer avec un homme dont les enfants auront plus ou moins l'âge des vôtres ou, au contraire, préférez-vous avoir affaire à de jeunes adultes quasi autonomes ? Certains hommes adoreront élever le petit d'un autre lit, de façon à ne pas s'engager eux-mêmes ou parce qu'ils sont tombés amoureux de la maman. D'autres, *a priori*, ne voudront pas élever de nouveau un enfant en bas âge.

Ne croyez pas que si vous avez passé un certain âge, tout est fini pour vous. Lorsque vous lancerez bientôt vos filets et que la pêche sera décevante, ne vous découragez pas. Vous pourriez croire à l'explication évidente de l'apparence et de l'âge : il n'en est rien ! À preuve, tant sur les sites généralistes que sur les applications, l'âge et le potentiel de séduction reposent sur les mêmes critères. Cependant, des quinquas, des sexas et leurs aînés se rencontrent, se plaisent et construisent durablement. Il suffit d'une personne qui passait à proximité, celle avec laquelle vous êtes compatible.

› Je mets en place un univers dans lequel l'autre aura plaisir à se couler

Quelle que soit votre situation, l'expérience montre que le lieu de vie doit être traité en premier. Habiter un espace dans lequel vous vous sentez bien est essentiel. Il s'agit ensuite de vous positionner à votre place dans votre environnement professionnel, voire de trouver une activité en lien avec l'extérieur, si tel est votre besoin.

Votre objectif est de vous créer un environnement agréable, de qualité, de façon à ce que votre (futur) partenaire s'y inscrive. Vos valeurs, votre désir d'une vie fluide et harmonieuse doivent s'incarner et se refléter dans votre quotidien.

Décidez d'investir votre lieu de vie. Aimez-le ; effectuez les travaux nécessaires pour vous y sentir bien. Chaque matin, prenez du plaisir à marcher pieds nus sur la moquette, le parquet ou le nouveau carrelage de la salle de bain. Si vous avez des interrogations quant à votre appartement, par exemple, vous hésitez à vendre au cas où vous rencontreriez quelqu'un et où vous achèteriez ensemble, sortez-vous ces idées de la tête, il sera temps d'y penser quand la question se posera. Occupez-vous de vous ici et maintenant. Si vous vous sentez bien chez vous, l'autre aura plus envie de vous y rejoindre que si vous vous restez au milieu de nulle part, sans prendre de décision.

Commencez par faire de la place, rangez, triez, jetez[1] ! Vivre dans une maison ordonnée influe de manière positive sur tous les autres aspects de votre vie. Faites la même chose

1. Marie Kondo, *La magie du rangement*, Flammarion, 2015.

dans votre garde-robe. Ne gardez que les vêtements dans lesquels vous vous sentez bien, dans l'élégance ou le confort. Videz vos étagères, dégagez les affaires qui ne vous appartiennent pas, vous ne faites pas office de garde-meuble.

Au passage, si quelques amants d'un soir demeurent encore dans vos placards pour les longues soirées d'hiver, sortez-les !

Surtout, faites le deuil de vos ex et plus particulièrement des ex accessibles. Chaque fois que l'un voulait, l'autre ne voulait pas ou ne pouvait pas. Cette relation a beau être intermittente, sa seule existence empêche toute histoire sérieuse d'éclore. Vous vous gardez mutuellement au chaud pour vous « renarcissiser », vous vous rassurez sur le fait que l'autre est là, toujours à portée de main et vous restez dans le jeu pour ne pas vous autoriser une vraie histoire. Sauf qu'un jour, l'autre finit par construire ailleurs... sans vous ! S'il n'est pas encore sérieusement investi et engagé dans une relation, foncez, déclarez-vous et allez au bout ! Sinon, coupez définitivement les ponts !

Affranchissez-vous des nostalgies à propos de vos autres ex. Renoncez à vouloir des nouvelles d'eux. Les confidences de vos connaissances communes vous plombent et ne vous apportent rien !

Procédez de même avec les amis jaloux, mesquins ou critiques. À partir de maintenant, centrez-vous sur l'essentiel, qui est de mettre de la douceur et de la fluidité dans vos relations.

Pensez d'abord à vous, créez-vous une vie cool, sur mesure. Elle doit s'articuler sur ce qui compte pour vous, vos centres d'intérêt, vos projets, bref tout ce que vous aimez. Invitez, sortez, chantez, dansez, rencontrez du monde, faites ce que vous voulez, mais faites-vous plaisir, épanouissez-vous ! Choisissez des amis intéressants, que vous admirez, qui vous tirent vers le haut. Vous dégagerez l'image d'une personne dont la vie est riche et passionnante. Attention à ne pas tomber dans l'extrême et trop remplir votre vie : vous refléteriez l'image de celui ou celle qui n'a besoin de personne.

Au moment de la rencontre, votre futur compagnon appréciera votre mode de vie. Il vous attend en frétillant, pas loin, mais vous devez vous faire remarquer pour être visible.

› Être sexy, ça s'apprend !

Acceptez votre corps tel qu'il est et valorisez-le ou faites ce qu'il faut pour qu'il vous convienne davantage. Mais ne restez pas coincé entre les deux.

- Mettez la musique à fond chez vous ou dans votre casque et dansez sans vous juger, comme si vous aviez bu et que personne ne pouvait vous atteindre. Répétez l'expérience dix minutes par jour, jusqu'à ce que vous soyez capable de danser dans une soirée de la même façon.
- Suivez des cours de danse latino (salsa, kizumba), danse orientale, vous apprendrez à bouger le bassin et à le détendre. Vous créerez ainsi une ouverture « énergétique » au niveau de votre premier chakra ou « chakra racine ». Ce chakra vertical, situé dans la région du plancher pelvien, entre le sexe et l'anus, est orienté vers la Terre et vous enracine afin que vous restiez dans la présence. Tout travail spécifique d'ouverture et d'épanouissement doit commencer par lui.
- Dans la foulée, inscrivez-vous à des ateliers de tantra*. Vous apprendrez notamment à regarder l'autre dans les yeux et à vous relier à lui, sans paroles, tout en restant ancré dans vos pieds.
- Entraînez-vous à la méthode des 3 S (sourire, silence, sérénité) : il s'agit, comme son nom l'indique, de dégager une image sereine qui incite à la confidence, de sourire pour accompagner le mouvement, et

surtout de pratiquer le silence et l'écoute, bref de vous museler, au sens propre, pour entendre ce que l'autre vous aurait sans doute tu. Exercez-vous lors de votre pause déjeuner avec des collègues, les étudiants de votre amphi, la famille.

• Au restaurant universitaire, **Eugénie, dix-neuf ans**, s'est retrouvée à déjeuner face à un étudiant de sa classe, parmi les plus séduisants. Elle avait tellement l'impression de n'avoir aucune chance qu'elle en a profité pour s'entraîner avec la méthode des 3 S. À la fin du repas, il lui a dit : « J'ai passé un excellent moment. Tu es vraiment une fille intelligente ! » Il l'a invitée à un autre rendez-vous. Depuis, ils sortent ensemble.

• **Quentin, vingt-huit ans**, a réussi à prendre un verre avec la ravissante DRH de l'entreprise en face de laquelle il travaille. Tous la convoitaient et elle avait la réputation de ne jamais laisser une seconde chance. Grâce à la méthode, il a découvert qu'elle participait à des concours hippiques. Il s'est intéressé à la façon dont ils se déroulaient, l'a interrogée sur son amour du cheval, l'a écoutée lui en parler avec passion. Naturellement, il a obtenu un second rendez-vous, au grand dam de son chef de bureau !

Si vous êtes du genre « conciliant », vous êtes né avec les « 3 S » chevillés au corps. Cette posture vous est naturelle. En revanche, lorsque l'émotion vous submerge, vous pouvez manquer de la qualité d'écoute nécessaire à la confidence, ou trop parler, même si vous ne dites pas spécialement des bêtises.

Les « prédateurs », les *showman*, les fortes personnalités, bref tout ceux qui occupent l'espace, sont ceux qui gagneront à appliquer la méthode.

Après toute cette préparation, vous maîtrisez les trois règles essentielles pour trouver l'amour. La première invite à vous autonomiser par rapport au besoin de reconnaissance de votre famille. Quoi qu'ils pensent, cela ne vous atteint plus. Dans cette logique, les jugements des personnes que vous allez rencontrer ne devraient plus vous atteindre et vous serez capable de vous positionner.

Parallèlement, vous restez en contact avec votre joie de vivre, vous cultivez le plaisir d'expérimenter, d'entreprendre, d'aller de l'avant, de vous faire du bien ! Habité par une bonne humeur quasi permanente, le goût de la vie pulse en vous, vous éprouvez le désir de bousculer vos habitudes, de prendre des risques.

EN RÉSUMÉ

Vous vous êtes concocté un quotidien dans lequel vous vous sentez bien. Vous avez aménagé votre « chez vous » pour qu'il soit agréable. Vous prenez du plaisir à vous vêtir chaque matin. Vous organisez des activités, vous participez à des loisirs qui vous stimulent. Vous êtes entouré d'amis bienveillants et stimulants. Vous saisissez les opportunités de sorties. Bref vous avez une vie bien remplie (pas chargée), intéressante (pas stressante) dans laquelle un partenaire éprouverait du plaisir à s'installer.

2

Je passe à l'action

Je prends
le temps

Vous allez apprendre, si ce n'est déjà fait, à écouter la petite musique intérieure, la fameuse petite voix qui vous encourage à foncer ou, à l'inverse, vous suggère de vous méfier. Vous écouterez tous les propos qui vous seront tenus, pas seulement ceux qui vous flattent ou que vous avez envie d'entendre.

Ces précautions vous permettront d'éviter les embûches, de ne pas vous perdre dans des débuts de relations sans issue et déprimantes à force de répétition. N'oubliez jamais qu'au bout de ce parcours, pas toujours semé de pétales de rose, se tient un être élu, en phase avec vous, qui a envie de bâtir une relation avec vous et seulement vous. C'est précisément pour cet être-là, qui vous attend sur l'autre rive, que vous vous préparez à traverser le fleuve.

› Je me fie à mon intuition

Lors des rencontres en nombre, le doute s'avère en effet toujours excellent conseiller. C'est votre intuition qui parle. Une mauvaise impression vous titille ? Interprétez-la comme un signal, lâchez ! N'avez-vous pas perdu assez de temps dans des histoires frustrantes ou compliquées auparavant ?

Dans ce système, votre priorité est de réussir votre casting :

- prendre de nombreux contacts,
- susciter suffisamment de rencontres,
- sélectionner les meilleurs profils,
- prioriser les rendez-vous,
- et garder au chaud les prétendants.

C'est un job à temps plein !

Maintenant, vous savez qui vous voulez rencontrer, ce que vous souhaitez vivre, et vous avez une idée précise de la relation qui vous conviendrait (ou tout du moins de celles qui ne vous conviendraient pas). Par exemple, vous savez que vous ne voulez plus d'une copine avec enfants qui habite à l'autre bout de la ville et fait tout le temps la tête. Ou bien que vous ne sortirez plus avec un veuf ou un homme qui a ses enfants en garde alternée.

Vous êtes parfaitement aligné, motivé et prêt à passer à l'action. Il s'agit maintenant de susciter des rencontres, de réussir les premiers rendez-vous et de démarrer une histoire prometteuse sur de bonnes bases.

Dans un monde qui bouge, le comportement des personnes disponibles (célibataires, veuves, séparées, divorcées) évolue tout autant et ceci modifie la manière d'aborder la rencontre amoureuse. La présence d'hommes et de femmes nonchalants, versatiles, dénués de savoir-vivre, disparaissant sans crier gare, doit vous conduire à être particulièrement vigilant et à assurer vos arrières.

Il y a quelques années, il était en effet encore possible de prendre son temps au début du parcours, de s'intéresser à un partenaire et de découvrir tranquillement l'existence d'affinités. Puis, en cas d'impasse, on recommençait avec un autre.

Aujourd'hui, les moins de trente-cinq, quarante ans se verront proposer une offre impressionnante, presque illimitée tandis que, plus l'âge avance, plus les choix se restreignent. Le vieil adage « Je préfère la qualité à la quantité » ne signifie plus rien. Quels que soient votre âge, votre sexe ou la méthode de rencontre utilisée, plus vous aurez de choix, plus vous serez amené à sélectionner sans concession pour éviter les joueurs, ceux qui aiment ailleurs, ne savent pas ce qu'ils veulent ou sont perdus. Cependant, peu de choix ne signifie pas automatiquement qu'il sera de qualité.

› Je choisis les rencontres sur Internet mais aussi celles de la « Real Life »

Il y a encore quelques années, chacun rêvait de la rencontre « parfaite », au hasard d'un pneu crevé sur la route, d'un nouveau voisin de palier ou d'un mariage. Deux mondes cohabitaient, celui des gens normaux, chargé de valeurs et de spontanéité et celui des sites de rencontres. Ces derniers véhiculaient une image sulfureuse, dont beaucoup de membres avaient honte : « On ne dira pas aux enfants comment on s'est rencontrés » faisait partie des blagues courantes. Aujourd'hui, les célibataires de la « vraie vie » se retrouvent pour la plupart sur quelques sites Web, mais surtout sur les applications. Il n'existe plus aucune différence entre se rencontrer par le Web ou dans la vie ! Le frère génial de la super copine peut se comporter aussi mal que l'allumeuse qui vous a traqué sur un forum juridique réservé aux « gens sérieux ». Vous comprendrez l'intérêt, dans un tel contexte, de ne pas déposer tous vos œufs dans le même panier.

› J'accorde de l'importance aussi à l'amitié

Les moins de trente ans, nés avec les réseaux sociaux, les manient avec art et cultivent l'amitié comme ils respirent. Pour les autres, une approche sur le « mode amitié » évite bien des ambiguïtés, permet de découvrir la richesse de leurs nouveaux contacts et bien sûr d'être rassurés et de faire preuve de prudence pour savoir à qui ils ont à faire.

Selon votre tranche d'âge et votre situation familiale, vos besoins diffèrent. Ainsi Philippe, quarante ans, venait de se séparer. Il arrivait dans une ville inconnue, démarrait un nouveau travail et ne connaissait personne. Il a utilisé les sites de rencontres pour reconstituer un cercle d'amis, avec lesquels il est toujours en relation dix ans plus tard. À force de se fréquenter et de se connaître, l'une d'eux est devenue sa compagne.

› Qui vais-je croiser ?

D'une manière générale, vous rencontrez souvent des personnes dont les motivations se ressemblent. En grande majorité, hormis celles, seules ou accompagnées, qui parlent de « Vivre l'instant présent, ne pas se prendre la tête, s'amuser » et pratiquent le *carpe diem*, vous trouverez les catégories suivantes :

Les « juste séparés »

Ils viennent de se faire larguer, sont en plein divorce ou ils cohabitent chacun à un étage de la maison. Les veufs en font partie. Quant aux autres, ils croient avoir fait le deuil de leur compagne ou de la mère de leurs enfants, mais ils se racontent des histoires. Soit ils ont besoin de vous en tant que « relation de guérison », soit ils pourraient vous faire payer la colère qui les ronge parce celui d'avant vous leur en a fait voir de toutes les couleurs.

Les opportunistes

Ils veulent tout, du verre enchanteur sur une terrasse ensoleillée au couple mythique, en passant par la route des vins en amoureux et la nuit torride mais ponctuelle. Leur slogan : « C'est la rencontre qui décidera... » Alors, ils mettent la pression pour obtenir un rendez-vous et répondent aux opportunités qui leur tombent dessus. Ils y croient mais ne savent pas sélectionner et font feu de tout bois ; le jour où l'amour viendra, ils seront prêts !

Les faux romantiques

Ils cherchent l'amour parfait, du moins ils en rêvent ! En réalité, ils ont peur de tout, surtout de perdre leur liberté. Si vous creusez un peu, vous vous apercevrez qu'intellectuellement, ils ont vraiment envie de tomber amoureux, seulement ils sont bloqués émotionnellement, sans doute par des loyautés et des auto-interdictions.

Les peu accessibles

Ils sont cohérents, savent ce qu'ils veulent, s'en donnent les moyens, mais ils ont une tare : ils habitent loin, ont deux ou trois lieux de résidence, une garde d'enfants compliquée et aléatoire, un boulot étrange, un ex dérangé, un enfant caractériel, un chien vieillissant...

Les pressés

Ils veulent « trouver quelqu'un », peu importe qui, pour ne pas être seuls et faire taire leur angoisse ou montrer à leur ex qu'ils peuvent être aimés : à preuve, ils ont « trouvé » très vite !

Les horloges biologiques

L'horloge biologique pour les femmes retentit sérieusement à partir du début de la trentaine (et même avant dans certaines communautés) et la perspective d'élever un enfant toute seule est redoutée : plus elles approchent des quarante ans (le phénomène s'amplifie après), plus elles traquent le bon père pour leurs enfants, avec de préférence un porte-feuille à la hauteur. Sortez couverts, Mick Jagger et Hugh Grant ont dû reconnaître, malgré eux, quelques enfants!

Les bernard-l'hermite

Ils dépriment pour moult raisons. Ils cherchent, tels le bernard-l'hermite, la coquille susceptible d'abriter leur mal-être. Ils ont parfois quelque chose du vampire. De fait, s'ils ont tout laissé à leur ex, ils occupent peut-être un improbable studio, pas forcément bien situé, dans lequel ils dépérissent. Parfois, ils paient beaucoup trop cher pour recevoir leurs enfants un week-end sur deux. Ils ont alors tout intérêt à squatter chez la nouvelle et bénéficient ainsi d'un luxe tant regretté.

Les gentils garçons pas très sexy

Ils font ce qu'ils disent. Ils sont clairs et bienveillants. Tout est fluide avec eux, vous pouvez bâtir une belle histoire, comme tous les couples qui se sont rencontrés ainsi. Le problème réside dans le fait qu'ils ne vous plaisent pas toujours physiquement ou que l'étincelle ne prend pas alors que, sur le papier, ils correspondent à vos critères.

EN RÉSUMÉ

Vous êtes sur le point d'entrer dans la caverne d'Ali Baba. Vous n'auriez jamais imaginé tant de partenaires possibles si près de chez vous... Et en même temps, les quarante voleurs rôdent, prêts à vous abuser. Prenez garde aux messages que vous transmettez et restez vous-même face à vos futurs contacts. Peu sont adaptés à vous, ne vous laissez par endormir par le chant des sirènes des autres.

Je suscite des rencontres

La probabilité que la première personne croisée soit la bonne est faible. Avant de partager un projet, des émotions et des rires, vous ne pourrez faire l'économie d'un nombre important de rencontres.

Avec votre « nouvelle personnalité », non seulement vous allez attirer des êtres différents de ceux que vous rencontriez auparavant mais, surtout, ceux qui demeuraient invisibles à vos yeux vont tout à coup vous apparaître, telle une évidence. Cerise sur le gâteau, le mot « oser » n'aura plus de secrets pour vous puisque vous n'avez plus peur du regard des autres.

La méthode proposée sera efficace dès lors que vous respecterez les différentes étapes. Si vous en sautez, vous n'aurez pas réuni les conditions nécessaires à la réussite de votre entreprise : dégager assurance, charisme et sensibilité.

› Je m'exerce

J'améliore ma capacité de séduction

Pour ne pas saboter LA Rencontre, il convient de vous entraîner dans l'objectif d'obtenir une aisance relationnelle naturelle, indispensable à la suite des opérations.

Les propositions affluent et s'adressent à ceux qui souhaitent exploiter toutes les opportunités du réel. Aborder une inconnue dans la rue n'est pas si facile pour un homme. Des *coach* aguerris en techniques de drague s'y sont exercés plusieurs fois par jour, des années durant. Ils ont acquis des compétences qu'ils transmettent à leurs élèves, en leur expliquant qu'avant, ils leurs ressemblaient. De surcroît, les « jeunes » femmes acceptent davantage cet abordage, dès lors que le dragueur inspire confiance et que la drague n'est pas trop lourde.

Les hommes rongés par la timidité ou le manque de confiance en eux auraient intérêt à consulter les vidéos et les articles conçus à leur intention par les *love coach.* Parmi ces sites, celui du coach Alex Wagner[1] peut vous aider.

Pour les femmes en revanche, tout abordage (même virtuel) induit une ambiguïté. Certains hommes, surtout s'ils sont légèrement plus jeunes qu'elles, imaginent immédiatement la possibilité d'une amante accomplie, avec laquelle ils vont passer du bon temps. Une fois le premier signal envoyé, vous êtes invitée à attendre une réaction avant d'en émettre un second. Et même si l'alchimie est bien présente, conservez votre vigilance jusqu'à ce que vous soyez convaincue que votre contact est bien sur votre longueur d'onde.

Je m'entraîne à sourire

Exercez-vous, pour commencer, avec les inconnus non accompagnés que vous croisez :

> **Ariane, quarante-cinq ans**, se prend au jeu et passe à l'action. En sortant de l'immeuble d'une amie, elle décoche son plus beau sourire à la voisine du dessous, au gardien qui sort de la loge, à l'épicier du coin, au garçon de café, à l'agent d'accueil de la RATP qui donne les renseignements. Elle ne tient pas compte de leurs

1. https://www.morningkiss.fr/

> mines, parfois patibulaires et, finalement, prend goût à l'exercice.
> Au bout du dixième sourire, ses interlocuteurs le lui rendent plus rapidement et elle devient joyeuse !

Plus vous sortirez de votre zone de confort, plus vous expérimenterez une sensation que vous rencontrerez plus tard, lorsque vous serez troublé par une rencontre hors du commun (vais-je lui plaire ?). Vous éviterez ainsi d'être déstabilisé, de perdre vos moyens et de saboter cette potentielle idylle.

Les files d'attente, la salle de sport, la caisse des supermarchés, les voitures aux feux rouges vous fourniront de nombreuses occasions. Les inconnus de l'immeuble ou du quartier que vous croisez souvent au coin de la rue comptent aussi. Conservez ensuite cette habitude ; elle vous reconnectera directement à la joie.

Dès que vous dominerez cette pratique, mettez-la en œuvre face aux personnes avec lesquelles vous seriez ravi de prendre un verre.

Attention, il s'agit d'un exercice. N'attendez rien. Apprenez à lâcher le contrôle, le temps d'un sourire ; dans la foulée, respirez, ne laissez pas croyances et jugements remonter à la surface. Passez au quidam inspirant suivant, jusqu'à ce que ce nouveau comportement soit devenu pour vous un réflexe. Il vous sera fort utile au moment du casting.

Naturellement, si l'une de vos cibles potentielles se retourne et vous aussi… ne passez pas à côté !

Je m'entraîne au *small talk*

Une fois l'exercice du sourire maîtrisé, ajoutez quelques mots sur la pluie et le beau temps… Adoptez le *small talk*, comme disent les Américains, avec les personnes croisées dans l'ascenseur, les salles d'attente, le métro, chez les commerçants... Trouvez un prétexte pour engager la conversation : « J'aime beaucoup votre parapluie, il me rappelle celui de *Chapeau melon et bottes de cuir* » ou « Ce livre est formidable, j'ai adoré » avec sa variante « Il semble passionnant, votre livre, ça vaut la peine que je le lise ? ».

Le co-voiturage, qui s'est considérablement développé ces dernières années, offre des opportunités d'échanger avec des inconnus bien supérieures à celles du train. Privilégiez ce moyen de transport ; vous vous entraînerez à communiquer sur une durée plus longue.

Repérez ensuite les personnes qui vous attirent. Draguez gentiment sans attente. Vous apprenez à vous mettre en situation ; vous découvrez que ce qui vous paraissait insurmontable est désormais à votre portée.

J'entends déjà les objections de certains d'entre vous. Ces préconisations vous paraissent ridicules. Elles vous rappellent les coachs racoleurs qui vendent du rêve sur Internet par le biais de webinaires convenus. Quant aux autres, vous vous croyez trop timides, pas à la hauteur. En réalité, vous paniquez à l'idée de sortir de votre zone de confort. Pourtant, depuis que vous avez fait le deuil du besoin de reconnaissance de vos parents, votre dépendance au regard des autres a dû bien diminuer. Ressaisissez-vous !

› Je me crée des opportunités

Après quelques jours ou quelques semaines d'entraînement, selon vos résistances, passez à l'étape suivante. Elle consiste à provoquer des rencontres « dans la vraie vie ». Même si vous avez l'impression d'avoir déjà tout essayé, remettez-vous en cause, enfilez de nouvelles lunettes et posez un œil neuf sur vos anciennes habitudes. Le point commun à toutes vos tentatives, c'est vous ! Et vous avez changé, vous dégagez de la joie de vivre ; par conséquent, l'effet que vous produirez sera différent.

D'une manière générale, il s'agit d'abord de créer une ouverture par le sourire, le *small talk* ou le prétexte. Mais ensuite, même si vous avez su générer quelques réactions, il se peut que pour mille raisons que vous ne connaîtrez jamais, votre cible ne soit ni disponible, ni attirée par vous dans l'immédiat. N'assimilez pas ce manque d'intérêt à un rejet, vous perdriez rapidement votre confiance si chèrement acquise ! Tournez rapidement la page, vous vous faites du mal inutilement. Si vous avez plusieurs fers au feu, vous n'aurez pas le temps de vous désespérer. Recentrez-vous sur des cibles déjà ferrées et continuez à en générer de nouvelles.

Dans le cas où vous vous sentiriez incapable ou pas motivé pour conter fleurette dans les lieux publics, il vous reste les approches plus traditionnelles. Vous connaissez vos classiques : dans un livre précédent[1], j'ai longuement développé les différents manières de se rencontrer dans la vraie vie. Quel que soit l'endroit où vous vivez, focalisez-vous d'abord sur les réseaux accessibles :

- Facebook, associations (anciens de votre école…), amis d'amis, cousins, fils et sœurs de, *afterwork, speed dating, networking,* OVS (On Va Sortir), rallyes, expositions, stages de développement personnel, etc.
- Sans oublier le bal du quatorze juillet, les festivités gratuites offertes par la mairie ou le bourgmestre de votre ville, les cours de rock ou de salsa…
- À ces propositions, ajoutez les soirées thématiques ou internationales comme *Meet up* et *InterNations,* qui sont organisées dans la plupart des grandes villes.

Je ne néglige aucune occasion offerte par la vie

Lorsque des heureux hasards frappent à votre porte, il s'agit de les saisir, de ne pas vous caparaçonner.

1. Bénédicte Ann, *Le prochain, c'est le bon !,* Albin Michel, 2011.

- Le voisin du dessus vous convie à sa crémaillère, acceptez !
- La gardienne vous invite à la fête des voisins, cuisinez un taboulé et présentez-vous !
- L'agent immobilier fait visiter l'appartement d'à côté, visitez-le aussi !
- Une infirmière soigne votre grand-mère chaque semaine ? Saluez mamy plus souvent !
- Le stand de la brocante, dans la rue derrière chez vous, est tenu par une femme dont les enfants ont l'âge des vôtres ? Entamez la conversation, parlez de l'école, de sa fréquentation, des enseignants, des parents d'élèves, etc.

Je m'inscris sur des sites de rencontre

Statistiquement, les possibilités de rencontres se restreignent dès lors que vous avancez en âge, que vous habitez loin d'une grande ville ou que vous avez des charges de famille. Si c'est votre cas, vous ne pouvez pas vous permettre d'attendre le fruit du hasard. À force de vie recluse ou d'une activité trop intense qui ne laisse pas de place pour l'autre, le temps s'écoule et vous restez seul !

Même si la vie offre des occasions, vous savez parfaitement qu'Internet en permet beaucoup plus. Régulièrement, j'entends des commentaires épouvantables sur les sites de rencontres. Certains plaignants ont fait une mauvaise expérience ; faute d'en maîtriser les règles, ils sont tombés dans les pièges des débutants. Les autres ont des préjugés et ne veulent rien savoir. Cela semble bien dommage, dans la mesure où ce moyen de prise de contact vous demandera peu d'investissement pour un résultat optimum. Alors foncez, qu'avez-vous à perdre ?

La plupart des personnes qui font appel à mes services sont inscrits sur deux sites, quelquefois plus. Après les avoir écoutées, je peux dire que le site parfait n'existe pas et que tout est possible sur n'importe lequel d'entre eux. En revanche, un internaute mal informé commet de nombreuses erreurs, passe beaucoup trop du temps pour peu de résultats. Il subit les abus classiques inhérents à ce mode de rencontre et perd confiance alors qu'il s'agit des meilleurs outils du moment, comme en atteste le nombre de couples qui se sont formés par ce biais.

Je vous recommande de jouer le jeu à fond. À défaut, vous pourriez vous saboter.

Chaque site s'adresse théoriquement à un public ciblé. Dans les faits, ce sont des auberges espagnoles et vous y trouverez ce que vous y apporterez. Des histoires d'amour se nouent parfois sur des sites libertins et des séducteurs en série sévissent sur des sites prétendument sérieux.

Des changements notables se sont produits ces dernières années. Les sites généralistes s'essoufflent, au profit des sites spécialisés et plus encore des applications[1]. Le chiffre des créations de sites Web de ce type avait été effectivement en constante hausse jusqu'en 2014 et l'on en comptait près de 2000 en France à cette période. Le chiffre de fréquentation des sites les plus connus a baissé de 30 à 70 %. Enfin, pour beaucoup d'utilisateurs, ce sont les applications sur smartphone qui les « ringardisent ». De plus, les mesures de sécurité qui permettent de suivre dans le détail l'activité de chaque salarié de l'entreprise rend les utilisations des sites de rencontres pendant les heures de travail de plus en plus risquées.

Plus rapide à utiliser de n'importe quel endroit, les sites sur mobile seraient plus propices aux rencontres occasionnelles, « à la drague décomplexée », et ils sont, de surcroît, gratuits au départ.

1. http://wwwrmatiquenews.fr/le-marche-des-sites-de-rencontres-classiques-sessoufle-41961

Rien d'étonnant à ce que les dinosaures du web *dating* se livrent à grand renfort de publicité à une guerre sans merci pour résister à cette évolution.

- Once, Tinder, Happn, ARDX sont très faciles à utiliser. Le *swipe** de Tinder (geste consistant à sélectionner ou non un profil), l'effacement à la volée, est même devenu une référence pour les créateurs de sites mobiles.
- Ainsi Adopteunmec qui, contre toute attente, attire désormais aussi les quinquas, a-t-il dépassé Meetic en termes d'image et de modernité.
- Elite Rencontres, Attractive World, eDarling, B2, Amoureux.com et Parship restent dans la course, avec plus ou moins de bonheur. Depuis quelque temps, les membres semblent bouder les sites pour se précipiter vers les applications, et le mouvement s'amplifie.

Cette liste, non exhaustive, ne vous empêchera pas d'explorer par vous-mêmes les sites communautaires ou réseaux sociaux au sein desquels il s'agit de se rapprocher par affinités religieuses, culturelles ou sexuelles.

- Les sites communautaires religieux fonctionnent bien mais font l'objet de nombreuses critiques de la part des femmes : soit les hommes sont des obsédés qui, sous prétexte de valeurs, séduisent et abandonnent leurs proies ; soit ils apparaissent comme des cas sociaux ou des vilains dont aucune ne voudrait !
- Fans de Star Trek, d'Apple, d'écologie, de bio, de cuisine ou de chiens, adeptes de sorties thématiques, vous trouverez un réseau social spécialisé. Vous favorisez les affinités, mais vous prenez le risque de restreindre les possibilités de rencontre.

Pour la plupart, vous ne débarquez pas en terre inconnue. Toutefois, si vous vous lancez pour la première fois, préparez-vous et renseignez-vous ; lisez sur les forums les commentaires de ceux qui ont testé avant vous. Prenez note des erreurs de base à éviter. Vous trouverez de nombreuses informations essentielles et faciles à utiliser sur Internet[1].

Retenez bien ceci : dès que vous établirez des contacts, vous devrez prendre rapidement des rendez-vous et « battre le fer tant qu'il est chaud ». En effet, si vous accrochez avec un potentiel partenaire et que vous le faites patienter le temps de finir vos travaux dans la maison ou votre régime, vous risquez de le voir s'envoler vers une personne plus disponible. N'oubliez pas, le principe du zapping régimente ces modes de rencontre et lorsqu'un vrai *feeling* advient, fixez une date, quitte à ce qu'elle soit deux semaines plus tard. Ne passez pas des heures, des journées en *chat* ou au téléphone. Rencontrez-vous dans un lieu public, à proximité d'un endroit où vous devez vous rendre. Demandez le numéro de téléphone de votre *date*, au cas où vous ne vous retrouviez pas.

J'utilise les applications sur smartphone

Une révolution a démarré avec l'avènement des applications géolocalisées. La première, Tinder, née en 2012, a rapidement été suivie d'Happn et d'Once, pour ne citer que les plus importantes : leur création a totalement changé l'univers de la rencontre. À l'inverse des sites qui proposent leur propre application à partir de leur fichier (elle concerne uniquement les membres inscrits qui ont choisi d'être localisés par l'application), les applications ouvrent de larges perspectives.

- Tinder, le premier, le plus connu, attire le plus de monde et propose un large choix, mixant le meilleur comme le grand n'importe quoi. Il s'agit d'une véritable usine dont la géolocalisation n'est pas le moteur

1. http://www.sitederencontreserieux.info/

principal. En effet, les membres abonnés bénéficient d'une option qui leur permet de vous contacter alors qu'ils sont à des milliers de kilomètres. De surcroît, de nombreux étrangers en goguette l'utilisent pour passer du bon temps durant leurs vacances ou leurs séjours d'affaires. Certains même anticipent leur venue pour se faire accueillir. Faites-vous plaisir si vous avez envie d'améliorer votre russe ou votre anglais et si vous avez du temps pour faire visiter votre ville. Toutefois, vous vous éloignez de votre objectif. Vous devez donc vérifier chaque fois où vos interlocuteurs habitent. La quantité d'individus qui cherchent à s'amuser ou « qui ont vu de la lumière et passaient par là » est impressionnante. Le tri prend plus de temps.

- Happn, plus convivial et mieux conçu, fait apparaître les profils qui passent à votre proximité et vous laisse la possibilité de leur déposer un message vocal. Ainsi, vous ne donnez pas trop vite votre téléphone si vous ne le souhaitez pas, vous faites entendre votre voix et vous écoutez celle de l'autre.

D'une manière générale, quatre-vingts pour cent des membres ont moins de trente-cinq ans, mais les seniors utilisent de plus en plus les applications. Grâce aux transfuges des sites « classiques » de rencontres, les tranches d'âge peuvent monter jusqu'à quatre-vingts ans. Et c'est une bonne nouvelle ! Dans tous les cas, les personnes possibles auront largement de quoi vous occuper.

Enfin, le nombre d'hommes et de femmes qui se sont rencontrés par le biais d'une application et s'aiment durablement ne cesse d'augmenter.

Avec ces applications, les stratèges qui mettaient auparavant quelques jours à concrétiser leurs desseins (avoir des relations sexuelles), atteignent désormais leur objectif en quelques heures. Analyser les propositions, sélectionner,

« liker »*, se faire « charmer »*, « chatter »*, déterminer un rendez-vous et finir au lit peut se faire en un temps record.

À vous de définir ce que vous voulez vraiment. Vous avez le choix entre basculer dans la pulsion et sa satisfaction rapide. Vous pouvez aussi prendre le temps nécessaire pour attirer la bonne personne et bâtir des bases solides dans l'optique d'une relation durable avec elle. Vous respecter vous-même passe par le respect de votre intimité.

- Souvent, j'entends la gent féminine me lancer des phrases du genre : « Un coup d'un soir, ça ne peut pas faire de mal, ça ne compte pas ! » Contrairement à votre croyance, vous perdez votre temps et passez peut-être à côté du bon partenaire. Plus affective que les messieurs, non seulement vous risquez de vous attacher un peu, mais surtout d'être en attente de nouvelles de l'autre. Combien de fois ai-je vu ces *fuck friends* et autres « bons coups d'un soir » occuper l'espace bien plus que ne le croyaient leurs conquêtes. Tant que vous vous dispersez, vous perdez de vue qu'un être vous attend là, tout près. C'est comme si vous vous sabotiez en retardant l'échéance de la bonne rencontre. De plus, mélanger ses muqueuses n'a rien d'anodin, ne devrait pas se faire en cinq minutes : que de risques pris pour un homme dont, fondamentalement, vous ne voulez pas !
- Quant à vous, messieurs, il paraît qu'à l'inverse des femmes, votre statut de mâle vous autorise, sans conséquences, une parenthèse d'une nuit que vous refermerez à l'aurore. Tous les hommes ne sont pas faciles mais certains ne refusent pas le « p'tit extra » qui s'offre bien gentiment, même s'ils savent pertinemment qu'ils ne donneront pas suite… Ils savent bien également qu'en se mélangeant, ils laissent un peu d'eux-mêmes.

- Qu'arrivera-t-il si vous rencontrez une créature époustouflante deux jours plus tard ? Imaginez qu'elle vous demande quand vous avez fait l'amour pour la dernière fois ? Si vous lui répondez la vérité, elle se fermera. Si vous lui mentez, comment vous sentirez-vous ? Est-ce un bon départ avec elle ?

Dans tous les cas, grâce aux applications sur smartphones, vous élargissez vos possibilités puisque vous draguez où que vous vous trouviez : chez vous, sur votre lieu de travail ou en chemin. Pour accéder à ce formidable service, investissez dans un téléphone moderne. À défaut, vous vous fermez des portes. Toutes les applications fonctionnent sur le même principe : vous devez les télécharger.

J'ai choisi d'évoquer Tinder et Happn, qui sont les principales, même si Once gagne du terrain. Les retours sur cette dernière sont moins enthousiastes car un seul choix par jour vous est proposé. Cette limite ne convient pas à tout le monde. Connectez-vous par Facebook en prenant soin d'y mettre de jolies photos de vous (seul). En effet, s'y connecter s'avère d'une simplicité redoutable. Il suffit d'une minute. S'inscrire sur une application sans avoir de compte Facebook semble plus complexe.

Au premier abord, le mode d'emploi semble simple. Les visages des cibles connectées qui correspondent à la tranche d'âge que vous avez sélectionnée et qui croisent votre chemin apparaissent sous la forme de petites photos, rapidement, sur votre téléphone. Vous pouvez les agrandir. Vous avez accès à l'âge et, si vous êtes chanceux, à un petit texte de présentation et à des informations sur la taille et le poids.

PASSEZ À L'ACTION

→ Lorsque les profils défilent sur la fenêtre de votre smartphone, cliquez sur le cœur (qui signifie tu me plais, je te « like* »), si vous êtes intéressé.

→ Dans le cas contraire, vous cliquez sur la croix et le profil disparaît.

→ Si vous ne voulez pas voir l'autre s'envoler (au cas où il ne vous verrait pas ou n'appuierait pas sur la croix vous concernant, « charmez* » (Happn) ou « superlikez* » (Tinder). Ces fonctions sont quantitativement limitées. N'hésitez pas à investir pour un budget « charme* » ou « superlike* ».

→ Si ces personnes cliquent aussi sur votre cœur, vous obtenez un « crush* » sur Happn et un « match* » sur Tinder. Dès lors, vous avez la possibilité de discuter.

→ C'est là où tout se complique. À l'instar des sites de rencontres, vous serez confronté à des comportements irrationnels, incompréhensibles, plus rarement outranciers. Seulement, sur une application, tout va si vite que vous risquez d'éprouver rapidement une sorte de malaise, que vous soyez débordé de réponses ou n'en receviez aucune. Tout se passe en accéléré, sensations d'abus comprises.

→ Si vous « likez* » à tour de bras, vous serez vite débordé de « crush* ». Néanmoins, contre toute attente, les possibilités de discuter seront limitées, même pour les jolies jeunes filles et pour les hommes avec des looks « hipster » ou qui ont un job « sympa ». En outre, un laps de temps important peut s'écouler entre le moment où vous entrez en contact et celui de la rencontre.

Cependant, si vous vous donnez le temps d'engager plusieurs conversations, vous aurez des retours rapides. Certains se connectent de façon frénétique, d'autres sélectionnent ou ne regardent pas assez les opportunités qui leurs sont offertes. Manifestez-vous dès lors qu'un profil vous plaît vraiment ou vous inspire, envoyez un « charme » pour vous faire remarquer. Dès que vous savez s'ils habitent seuls ou avec leurs enfants, qu'ils semblent bien intentionnés, ouverts et intéressants, foncez et ne repoussez pas indéfiniment la vraie rencontre.

Le tri se fait tout seul. Entre les propositions bizarres et les reparties stupides ou hors sujet, sans compter l'art de botter en touche, se dégageront les profils qui entrent dans vos critères. À cet égard, si vous n'obtenez pas de réponse à une question précise (par exemple : « Où habites-tu ? Quel âge ont tes enfants, tu cherches quoi ici ? »), n'oubliez pas que c'est flou et qu'il y a un loup !

Au passage, s'il vous dit que vous êtes sa première rencontre, ne le croyez pas : ils viennent tous de s'inscrire, d'ailleurs, vous aussi !

EN RÉSUMÉ

Ne vous dispersez pas, ne perdez pas de temps avec des profils qui ne correspondent pas à votre demande. Éliminez tous les « beaufs » selon vos critères, qui encombrent l'espace, et ne laissez la place qu'aux personnes susceptibles de vous intéresser vraiment.

Je choisis
la *positive attitude*

Qu'il s'agisse des sites, des applications ou de la vraie vie, l'univers du *dating* est impitoyable. À l'instar des héros des contes de fées, préparez-vous à un véritable parcours initiatique. Vous serez confronté à des pièges, des épreuves, des moments de doute, des situations difficiles mais, ne l'oubliez jamais, le héros sort victorieux à la fin de l'histoire. Il est transcendé et a accompli sa mission. La vôtre, en l'occurrence, consiste à partager votre vie avec une âme sœur.

› Règle 1 : j'évite le silence assourdissant

La situation

Ne vous attendez pas à être submergé immédiatement de contacts (malgré un nombre impressionnant de personnes inscrites, toutes ne sont pas actives au même moment) et encore moins de contacts prometteurs.

Comment je la surmonte

Ne vous découragez pas. « Likez* », « superlikez* », « charmez* », manifestez-vous.

- Pour les filles, attention votre empressement pourrait l'induire en erreur. Il vous croira déjà acquise, s'attendra peut-être à ce que vous lui sautiez au cou et fera l'économie du jeu de la séduction. Que cela ne vous incite pas à adopter la posture passive de celle qui attend son prince. Soyez juste vigilante, particulièrement avec les hommes plus jeunes que vous.
- Pour les garçons, une fois le contact établi, prenez l'initiative sans frénésie, avec légèreté, créativité et, surtout, sans intrusion. Les hommes trop empressés apparaissent parfois comme des prédateurs. Il s'agit pour eux de doser leur demande. Ne donnez pas, par exemple, trop rapidement votre numéro de téléphone au bout de deux échanges, au risque d'effrayer parfois vos interlocutrices.

Même lorsque votre intérêt mutuel est validé (*crush**), il n'est pas rare que personne ne bouge. La règle du jeu est la suivante :

L'homme entame le dialogue (avec un peu plus d'innovation que : « Bonjour, ça va ? »), la femme répond. Généralement, le dialogue se met en place à travers un *chat* dans lequel chacun se positionne. La drague traditionnelle démarre. Mesdames, dans le cas où vous frétilleriez d'impatience à la suite de ce *crush* tant attendu, ne vous investissez pas au-delà d'un « Bonjour » ou d'un *smiley*. Ne harcelez pas ces messieurs, ils savent parfaitement se manifester lorsqu'ils sont motivés. S'il ne donne pas suite, faites glisser la page !

> **Albane, quarante ans**, désespérait que le beau Simon se manifeste. Il avait écrit des mots qui l'avaient touchée : « J'aime le cinéma d'Alain Resnais et l'accordéon de Richard Galliano, sans oublier la prose d'Emmanuel Carrère et un bon verre de vin blanc entre amis. On ne tombe pas amoureux au gré des rencontres, charmé par une belle silhouette, un beau visage ou une belle âme, mais parce qu'on a été l'objet d'une capture délibérée. » Comme quoi…

> Après deux semaines de vaine attente, elle s'est résolue à lui envoyer un charme. Immédiatement, il a réagi, l'a remerciée pour ce charme. Six mois plus tard, alors qu'ils emménageaient ensemble, il s'est souvenu que, si elle ne lui avait pas envoyé un signe, il ne l'aurait jamais rencontrée car elle n'était pas apparue parmi les profils croisés.

En bref…

Le silence fait partie de la règle du jeu. Acceptez-le, transgressez-le mais, si rien ne se passe, quels que soient les moyens employés, passez au suivant sans nostalgie.

› Règle 2 : je trie le bon grain de l'ivraie

La situation

D'une manière générale, il faudra du temps avant de goûter un fruit intéressant. Vous faites votre marché. Les étals regorgent de fruits et ils sont mûrs, tant mieux. Il n'y en a pas, peu importe, vous reviendrez demain ! Face à ceux qui ne sont pas à vendre, s'avèrent inaccessibles ou dénués de goût, passez votre chemin, restez centré et gardez le cap.

> **Diana, trente ans**, l'affirme : « Les beaux gosses ne répondent pas et les nazes pleuvent. » Tout cela est normal et fait partie du système. Respirez, les prétendants sont légion et quelques heures suffisent, quelques jours si vous appartenez à une tranche d'âge plus élevée, pour que de nouvelles propositions tombent du ciel.

Comment je la surmonte

Pour compenser, ne fantasmez pas sur le premier venu. Vous savez ce que vous voulez. Ne vous bradez pas !

L'offre basique de certains sites et de certaines applications est limitée. Ainsi, vous pouvez ne pas être visible ou être dans l'incapacité de contacter les autres abonnés. Je vous recommande de vous donner les moyens, pour réussir, de vous offrir les options nécessaires (quelques dizaines d'euros par mois).

> **Geoffrey, trente-quatre ans**, abonné à Adopteunmec, avait l'impression que les critères très précis qu'il avait fixés le limitaient. Il s'est donc inscrit sur Happn. Mélissa, qui ne supportait plus le côté « marché aux bestiaux » de Tinder venait de rejoindre Happn. Ils se sont croisés à Beaubourg où elle rejoignait une amie pour déjeuner ; lui sortait du cinéma : deux *like*, un *crush* et le tour était joué !

En bref…

Gardez une attitude positive. Remotivez-vous, ouvrez d'autres portes, croyez en votre bonne étoile, il va venir, c'est une question de temps ! Comme vous avez fixé une date et que vous y croyez, il ne devrait plus tarder.

› Règle 3 : je tire une leçon de la disparition de ma « cible »

La situation

Il se peut que votre cible disparaisse sans aucune justification suite à un *chat*, une conversation téléphonique, un premier, voire un second, rendez-vous délicieux. Elle ne donne soudainement plus de nouvelles et ne répond pas aux sollicitations. Ne vous demandez pas pourquoi, elles ont d'autres priorités, un travail prenant, des soucis avec la santé de leurs parents ou la scolarité de leurs enfants. Parfois, prise de remords, elle finit par dire qu'elle est retournée avec son ex ou qu'elle a enfin trouvé la bonne personne.

Beaucoup d'hommes souhaitent du sexe facile et gratuit (des femmes aussi !). Lorsqu'ils réalisent que vous ne coucherez pas au premier (ni même au second non plus !) *date*, ils vous jettent. Et pour ne pas perdre de temps à s'expliquer, ils vous bloquent ! Ils vous éliminent en appuyant sur « ne m'intéresse plus » ou « supprimer l'affinité », « signaler » (pour les situations abusives) ou « bloquer ». Cette dernière fonction évite qu'ils vous contactent de nouveau et réapparaissent parmi vos différents contacts.

Certaines femmes se présentent comme libérées mais, dans les faits, elles veulent des services, des cadeaux, un train de vie. À l'inverse, celles qui cherchent un partenaire de vie se laissent endormir par les beaux discours bien rôdés des prédateurs. Elles passent à la casserole dans la foulée et s'étonnent de ne plus avoir de nouvelles de leur bel hidalgo.

Comment je la surmonte

Pour savoir ce qu'il en est, surtout si vous avez fort envie de découvrir la personne, je vous suggère d'envoyer un message joyeux et court inspiré de la description du profil, du type :

« Bonjour xxx, ainsi nous aurions des atomes crochus. En effet, moi aussi, je suis fan de… »

Dans le cas où vous n'avez que la photo sans commentaires, parlez de la ville si elle apparaît et faites un commentaire sur la photo. Attendez quarante-huit heures et envoyez un point d'interrogation avec un smiley. Puis, deux jours plus tard, dites quelque chose avec vos mots et votre sensibilité, genre :

« Bonjour, je m'aperçois que vous avez d'autres priorités (smiley triste). Je vous souhaite le meilleur. »

Ne cherchez pas de sens, vous perdriez de l'énergie inutilement. Observez les faits. Celui-là n'est pas pour vous, admettez-le et poursuivez votre casting.

N'attendez rien, tant que vous ne vous êtes pas vus un certain nombre de fois, pendant une période assez courte. Écoutez votre ressenti avant de vous abandonner à la douceur de cette idylle débutante.

- **Marie-Frédérique, cinquante-cinq ans**, a reçu le message suivant : « Désolé mais je suis rentré de vacances lundi et j'ai beaucoup de travail (trois semaines de retard). »

- Quant à **Pierre, soixante-dix ans**, il a reçu de la part de Jocelyne l'information suivante : « Bonjour, oui je suis intéressée mais pas très dispo depuis 8 jours. Ma mère est hospitalisée et mes plages libres sont très aléatoires. Ce ne sont pas des conditions idéales pour un premier contact. »

En bref...

Désormais, grâce à la préparation de la Partie 1 « Je me prépare à rencontrer l'amour », et fort de votre « nouvelle personnalité », vous observez les faits, vous ne vous racontez plus d'histoires : vous vous préservez et n'éprouvez aucune difficulté à rester distant le temps nécessaire.

› Règle 4 : je repère le mensonge chez l'autre

La situation

Quelles que soient les précautions prises... tout le monde sait que de nombreux profils trichent sur leur âge, leur taille, leur poids, leur job, la date de leur photo et souvent également sur leurs motivations. Comme les recherches se font généralement par tranches de cinq ans, les abonnés ont la fâcheuse habitude de se déclarer dans une tranche d'âge inférieure à celle à laquelle ils appartiennent. Et plus l'âge avance, plus l'importance des mensonges augmente.

Au-delà du culte de la jeunesse, il faut également prendre en compte l'horloge biologique des femmes. Par exemple :

- Des hommes qui annoncent trente-neuf ans en ont souvent quarante-cinq et ciblent les trentenaires (pour fonder une famille... ou pour qu'elles ne soient pas encore trop pressées d'être mère).
- Quant aux femmes de quarante ans, elles prétendent avoir trente-huit ans pour rencontrer des hommes plus jeunes, susceptibles de devenir pères avec elles plutôt que d'élever un week-end ou une semaine sur deux les enfants d'un divorcé de leur génération.

Chacun espère tirer le gros lot et ne se voit pas vieillir. Il croit que l'autre non plus ne verra rien. Cela arrive parfois, dans la mesure où le monde est rempli de sauveurs dont la vocation est de se mettre au service de l'autre. Mais vous n'en faites plus partie et n'en voulez pas comme partenaire.

L'autre pèse dix kilos de plus que vos critères, et en plus il fume et boit ? Il vous a manipulé délibérément pour obtenir ce rendez-vous ? Ne tergiversez pas et inventez immédiatement un petit mensonge dans lequel vous vous sentez à l'aise, comme quoi vous êtes venu par politesse mais un impératif de dernière minute vous empêche de rester. Prétendre que tout est normal, vous imposer un café, pendant ne serait-ce que trente minutes, tout en cherchant désespérément le moyen de filer à l'anglaise, revient à vous soumettre. Supporter en vous taisant ne vous rappellerait-il pas une situation de votre enfance ?

Parfois, les personnes rencontrées mentent par omission. Elles cachent des situations qui les desservent.

> • **Je n'ai plus ou pas de travail** devient : « Je suis entre deux boulots » ou « j'ai pris un peu de temps sabbatique » ou encore « j'ai décidé de changer de métier ». J'habite chez mes parents devient : « Je suis en train d'acheter. »

• **Je suis en pleine séparation** se transforme en : « Je suis séparé depuis quelques mois et tout est clair. » Généralement, six mois plus tard, rien n'a changé. Et il faudra encore du temps pour voir une évolution. Souvent, plusieurs années sont nécessaires pour tourner la page. Je viens de me faire larguer se présente de façon plus sexy : « Nous nous sommes séparés d'un commun accord et tout va bien. »

• **Je suis en pleine dépression** (et j'ai besoin de toi pour en sortir) est transfiguré par : « J'ai plein de projets pour nous. » Après un départ prometteur, votre nouveau partenaire réalise que votre histoire n'a en rien réglé son problème. Il vous quitte et recommence avec un autre. De fait, il finira par en sortir mais vous n'en profiterez pas.

• ***Je suis accro à la drogue, aux jeux*** (d'argent ou vidéo) a évolué en : « J'ai été dépendant à... Mais c'est terminé. » Pour les *addicts* au sexe c'est « j'ai été un séducteur mais avec toi je sens que c'est différent ». Soyez sûr que l'intéressé est encore prisonnier de son addiction. Au bout de quelques mois, vous en ferez les frais lorsqu'un ex ou un créancier frappera à votre porte. À moins qu'à la suite de nombreuses incohérences dans la relation, vous ne découvriez son harem lors d'une « fouille » en règle de ses affaires, portefeuille, relevé bancaire, téléphone et ordinateur compris.

• **J'habite loin** (et pas forcément tout seul) se mute en : « Je viens dans les environs tous les jours ou presque. » Concrètement, vous ferez office de chambre d'hôte (draps propres et couvert garantis) par la force des choses, pour voir la personne.

Comment je la surmonte

N'acceptez pas ces aménagements avec la réalité s'ils contrarient votre objectif. Respectez-vous ! Permettez-vous d'entrer en lien avec une personne qui vous corresponde.

Vous croiserez beaucoup d'individus en transition, des jeunes de vingt-cinq ans bardés de diplômes, qui touchent le RSA, mais vivent dans un appartement qui appartient à leur famille et des quadra en crise de milieu de vie, qui sous prétexte de colocation dissimulent un concubin. Vous découvrirez plus étonnamment des quinquas ou sexas qui, à la suite d'une faillite, ont été quittés par leur épouse (ou le contraire) et sont repartis de rien. Avec le boum du divorce chez les retraités (je ne te supporte plus au quotidien, au fond je ne te connais pas), les troisième et quatrième âges se préparent des lendemains joyeux et beaucoup d'unions tardives.

D'aucuns se mentent à eux-mêmes et, par conséquent, vous mentent. D'autres cherchent à changer de métier mais ignorent encore dans quel domaine, dans quelle ville, dans quel pays et quand. Véritables oiseaux sur la branche, ils survivent au fil des événements, des rencontres, des urgences à traiter. Les pensez-vous capables, à ce moment de leur parcours, de se poser, de vous regarder sereinement et de bâtir avec vous ? Cette phase peut être courte ou augurer de la teneur des années à venir.

> **Soraya, trente-huit ans**, n'avait accepté le rendez-vous de Louis, trente-six ans, que parce qu'ils avaient été sur les bancs de la même école. Bien qu'elle se soit dit que physiquement « ça n'allait pas le faire », elle y est allée quand même pour se remémorer leurs souvenirs de jeunesse. Quelle ne fut pas sa surprise quand elle vit apparaître ce beau gosse au regard lagon, élégant de surcroît. Elle y croyait si peu qu'elle lui téléphona pour être certaine de ne pas se tromper. Elle le vit décrocher et se trouva totalement déstabilisée, tant elle s'était programmée pour un physique ingrat !

En bref…

Évitez de fantasmer, de vous attendre à ceci ou cela ! L'autre est ce qu'il est. Il vous séduit ou vous laisse insensible. À vous de vous respecter dans ce dernier cas et de ne pas perdre la foi.

› Règle 5 : je ne suis pas un numéro

La situation

Le nombre de contacts et la rapidité pour en prendre de nouveaux créent le consumérisme et donnent l'illusion qu'un partenaire parfait et taillé sur mesure existe. Toutefois, vous n'êtes pas obligé de tomber dans ce piège.

Méfiez-vous de ceux qui vous parlent en *chat* souvent dans la journée, la soirée, le week-end et que vous pouvez suivre à la trace au fil de leurs activités et déplacements. Attention, ils vous endorment et vous donnent l'illusion de leur présence, alors qu'ils n'ont pas de temps pour vous, même s'ils vivent seuls.

Méfiez-vous aussi de celui qui vous dit : « Mon abonnement court pendant encore quelques mois, après je me désinscrirai. » Exigez qu'il se désinscrive ou alors il ne vous restera plus qu'à créer un faux profil pour l'espionner et vous stresser pendant ce laps de temps. Il n'en va pas de même pour les applications gratuites. La désinscription se fait en un clic… mais la réinscription aussi.

Comment je la surmonte

Lorsqu'une relation semble prometteuse, décider d'un commun accord de vous désinscrire du site le temps d'apprendre à mieux vous connaître optimisera vos chances de réussite. N'hésitez pas à vous faire confiance si cela vous semble juste. Gage de sérénité dans l'investissement…

> **Germain, cinquante-trois ans**, avait littéralement craqué sous le charme de Nathalie, une sémillante quinqua qui venait de s'inscrire sur le site, avec l'aide de ses enfants. Il ne voulait pas lui mettre la pression ; pour autant, il devait se rendre à l'évidence : jamais il n'avait éprouvé autant d'engouement après un premier verre.
> Lors d'un *chat*, il prit le risque de lui écrire : « J'aime vous lire… J'aime vous écrire. J'aime vous découvrir… J'aime vos sourires.

J'aime vous sourire… ». À son grand plaisir, il découvrit qu'elle s'était désinscrite dans la demi-heure après avoir reçu le message.

En bref…

Croire qu'ailleurs l'herbe est plus verte, le regard plus profond, la silhouette plus sexy est un leurre. Si l'alchimie opère, laissez-vous aller et n'ayez pas peur de la suite…

› Règle 6 : je ne veux pas être manipulé

La situation

La manipulation représente un obstacle rude pour ceux qui en font les frais. Voilà un avant-goût du scénario classique. Au départ, vous optez pour la prudence, de rigueur avec les inconnus. Puis vous vous ouvrez, et une sorte de confiance doublée d'intimité naît, au point parfois d'idéaliser l'autre. Plus vous vous abandonnez, plus vous le « piedestalisez », jusqu'au moment où son vrai visage apparaît et où vous tombez de haut. Ce fonctionnement (mixte au demeurant) s'appelle un piège.

- Le prédateur a un projet en tête, quel qu'il soit. Il veut amener sa proie (plutôt conciliante) à rentrer dans le rôle qu'il a prévu pour elle. Il va construire le scénario et la « guider » progressivement vers son désir. Il a le temps, il en traque plusieurs en même temps ; il croque celles qu'il attrape. Il y consacre toute son énergie ; son appétit est insatiable.
- Côté féminin, il peut s'agir de rendre l'autre « amoureux » avant le jour fatidique où il s'apercevra, par exemple, qu'il existe un monde entre la fille de la photo et la réalité. Enfin, l'attitude inqualifiable de celles qui

affirment prendre la pilule, se retrouvent bizarrement enceintes, refusent d'avorter et traînent le géniteur devant les tribunaux pour une reconnaissance en paternité et la pension qui va avec, n'a rien à envier à celles de hommes cités précédemment. Aux hommes aussi de se protéger et d'être moins naïf.

- D'une manière générale, nombre d'hommes se plaignent de celles qui les prennent comme confident quand ils ne rêvent que de s'investir. Sans parler de celles qui démarrent l'idylle alors qu'elles sont encore amoureuses de leur ex, voire en couple symbolique avec leur enfant. Ces comportements laissent bien sûr ces messieurs parfois désespérés, mais le plus souvent amers et marqués au fer rouge.
- Une autre stratégie classique de certaines femmes consiste à balader les hommes. Beaucoup ont passé des mois, parfois plus, sans jamais contempler celle qui les tenait en haleine. Mille prétextes permettaient de repousser ce moment. Et quand leurs amis les mettaient en garde, ils refusaient de les croire.

Ne vous laissez pas conter fleurette par des personnes qui ont tout intérêt à vous laisser mariner et à gagner du temps. Se voir vite évite les projections, peu importe leur nature, qui vous mèneront à la déception et, surtout, à la réactivation d'abus plus anciens, susceptibles de diminuer votre estime de vous-même. Le prédateur en couple fonctionne de deux manières :

- Dans le cas le plus fréquent, il veut vous rencontrer rapidement pour que vous n'ayez pas le temps de lui poser les questions qui fâchent. Il vous fait rêver. Il évoque une terrasse, un bon verre de vin, la magie de l'instant présent, de la surprise. Il vous invite à vous comporter avec un grain de folie, pas comme ces petites bourgeoises terrifiées ; vous, vous êtes une aventurière, une vraie femme, qui prend des risques !

- La seconde manœuvre consiste à vous écrire longuement, plutôt joliment et à vous embrouiller. Il vous interroge, s'intéresse à vous, commente vos propos, bref, il vous endort de façon à ce que vous ne posiez aucune question et tombiez sous son charme le jour fatal. Ainsi vous serez « cuite » lorsque vous découvrirez qu'il ne vit pas seul. Les informations sur sa vie privée tomberont, savamment distillées, quand vous serez sa maîtresse.

Parmi les abuseurs figure la version moderne du pervers (avec son pendant féminin, la Merteuil des temps modernes). Ils vous instrumentalisent de façon pernicieuse, vous ensorcèlent jour après jour. Ils veulent prendre le pouvoir sur vous, faire de vous leur jouet (à condition que vous soyez prêt à tout accepter pour un peu de tendresse). Ils ont besoin de savoir que vous êtes à leur disposition, tel un port d'attache. Ils aiment que vous ayez envie de les (re)voir, quitte à vous donner le minimum de façon à vous garder « au chaud ». Et dès que vous faites mine de quitter la partie, ils vous récupèrent par un tour de passe-passe qui vous replonge illico dans leur dépendance.

Comment je la surmonte

Prenez le temps de connaître l'autre. Cherchez la cohérence dans ses actes, ses propos, sa disponibilité et sa présence. Observez-le, comprenez son rythme et voyez à quel moment il s'éloigne des comportements des débuts et prend de la distance avec vous. Plus tard vous entrerez dans l'intimité, mieux vous saurez à qui vous avez affaire. Une fois ce cap passé, vous tombez si amoureux que vous perdez votre lucidité.

> **Carole, quarante ans**, trouvait bizarre de recevoir des textos de Cyril en permanence, depuis leur première rencontre. D'ailleurs, ils n'avaient pas encore réussi à en caler une seconde. Encore, s'ils

avaient été en *chat* sur WhatsApp (messagerie instantanée qui utilise la connexion Internet de votre téléphone pour envoyer des messages afin d'éviter les frais de SMS dans le monde entier), elle ne se serait pas posée de questions mais là, elle ne le sentait pas. Elle savait où il travaillait. Un matin, comme guidée par son instinct, elle appela son service, se fit passer pour sa compagne et entendit la secrétaire lui dire : « Bonjour madame, il vous prend tout de suite, je vous le passe, à bientôt. »

En bref...

Compte tenu de l'augmentation du nombre de prédateurs, je recommande cinq rendez-vous avant de partager un moment intime. Cette attente, qui n'est pas sans rappeler les fiançailles d'autrefois, vous incite à ralentir, à respirer l'autre et à le goûter sans l'avaler tout cru et le rejeter une fois sa saveur identifiée.

› Règle 7 : je me défends face à l'agressivité et à la goujaterie

La situation

Il ne sera pas rare que votre contact devienne agressif si vous ne donnez pas suite alors qu'il était intéressé. Dès lors, les noms d'oiseaux fusent bien que vous ayez pris le soin de préciser, avec beaucoup d'obligeance, vos raisons. Il peut vous insulter dans la mesure où vous n'accédez pas à sa requête, quelle qu'elle soit, même après plusieurs rencontres. Face à l'animosité qui ne manquera pas de vous tomber dessus, apprenez à vous protéger et bloquez votre interlocuteur au moindre écart sur le site, l'appli ou votre téléphone, pour ne pas recevoir sa hargne. Comme dans certains jeux vidéo, vous avez parfois intérêt à « écraser* » les personnages « hostiles » de façon à privilégier ceux qui semblent bienveillants.

La goujaterie s'exprime quant à elle de plusieurs façons. Par exemple, votre *date* ne se présente pas au rendez-vous ou annule par texto alors que vous êtes déjà installé à une table de terrasse. L'homme paie son café seulement. Dans les cas extrêmes, il a oublié son portefeuille, vous demande de l'inviter. Il vous appelle d'un prénom différent du vôtre, vous confond avec le précédant *date*. Autre cas : la femme vient, s'assied, commande quelquefois et… soudain se lève et s'en va, sans aucune explication. Elle accepte un second rendez-vous, mais ne donne plus de nouvelles… pendant un an !

Probablement, ces désinvoltures patentées sont la manifestation d'une prise de pouvoir. Quitter ostensiblement la table et partir sans mot dire signifie : « Tu ne comptes pas, tu n'existes pas, je ne te vois pas. » Que ces attitudes soient volontaires (« Ah que je jouis de te planter là, sans me justifier ») ou involontaires (« J'obéis à mon instinct et je n'ai pas de comptes à rendre »), elles vous laissent pantois, désabusé et incrédule. Chercher à comprendre revient à jouer le jeu de l'autre. Longtemps après son départ, vous pensez encore à lui, il occupe votre esprit. Il réactive les nombreuses fois où vous n'avez pas été entendu.

Comment je la surmonte

En vous faisant vivre la même chose qu'il a vécu (il s'identifie à celui qui l'a fait souffrir et incarne à son tour celui qui n'entend pas), il se venge sur vous comme toutes les personnes qui ont un petit pouvoir à un moment et en abusent. C'est la raison pour laquelle vous devez impérativement tourner la page sans regrets. Vous cherchez la fluidité, la confiance, l'harmonie, pas les jeux de pouvoir, le mépris, les zones d'ombre.

> **Céline, trente-sept ans**, commence à se disputer par *chat* avec **Nicolas, quarante ans.** Tout part d'une discussion de travail (ils sont architectes tous les deux et elle lui explique sa perception

d'un projet raté). En guise de réponse, il assène : « Nous travaillons dans le même domaine et je ne sais pas si c'est une bonne chose. J'en sais à peu près autant que vous sur la question. » Sous-entendu, parlons d'autre chose. Elle prend la mouche et s'apprête à le bloquer. Puis elle se pose et réfléchit.
Elle s'est sentie piégée lorsqu'elle a réalisé qu'elle ne pourrait rien lui apporter. Elle s'est alors retrouvée dans une posture d'enfant, incapable de satisfaire ses parents. Elle lui explique ce qui vient de se passer de manière édulcorée et lui, touché par sa vulnérabilité, s'adoucit. Ils continuent le *chat*, passent au téléphone et prennent rendez-vous.

En bref…

Si vous avez l'impression d'une tension larvée, ne laissez rien passer ! Parlez-en avec des mots neutres en exprimant vos ressentis et voyez si l'autre bouge. Si rien ne change, bloquez-le ; à défaut, vous recevrez une ultime vacherie à laquelle vous ne pourrez techniquement pas répondre.

EN RÉSUMÉ

Expliquer à un contact les raisons pour lesquelles vous ne donnerez pas suite relève de la courtoisie, mais se heurte une fois sur deux à la déception et à la frustration de l'autre. Vous avez le choix entre expliquer et prendre le risque de sa violence ou vous comporter comme lui et le bloquer avant qu'il n'ait eu le temps de se défouler sur vous. Prenez la décision la plus douce pour vous…
Ne tombez pas dans les règlements de comptes par *chat* qui vous plombent inutilement le moral. Ils réveillent des conflits plus anciens. Centrez-vous sur votre objectif !

J'apprends
à reconnaître et à me protéger des personnalités difficiles

Les profils que vous allez découvrir apparaissent souvent lors de consultations. Une fois attaché, au sens propre comme au sens figuré, vous voilà prisonnier d'une relation toxique que vous auriez pu refuser si vous en aviez été informé.

› Les égoïstes

Comment les reconnaître

Vous pouvez les identifier par leur laconisme. Ils ne font pas d'efforts, pour autant ils accomplissent le minimum syndical. Ils répondent à vos questions parce qu'ils tiennent à obtenir un rendez-vous. Ils font preuve d'une certaine nonchalance, notamment à travers leur façon d'apparaître et de disparaître de longs moments. Ils vous mettent en position de dépendance, mais ils réagissent s'ils pensent que vous pourriez sortir du jeu. Eux aussi ont besoin de vous garder au chaud.

Cette catégorie, la plus répandue, cherche à servir ses intérêts sans se justifier. Ses représentants sont à l'affût de la meilleure opportunité. La possibilité d'un rendez-vous avec une personne plus attrayante que vous les conduit à vous annuler sans préavis.

Comment rebondir

Une fois encore, observez son rythme. Semble-t-il dispersé et brouillon comme s'il gérait un harem ? Dès que vous sentez un manque de fluidité, de la distance maîtrisée, prenez du recul et laissez-le venir. Prévoyez un plan B au cas où il s'évaporerait et ne cherchez pas à le cadrer, il est ingérable.

> **Fanny, trente-cinq ans**, a laissé venir **Philippe, quarante ans**, durant trois semaines pendant lesquelles ils ont réussi à se voir deux fois. Il plaisait beaucoup à la jeune femme mais, forte de sa préparation, elle ne s'est pas laissée aller à l'attraction de ce *bad boy* si sexy ! Après ces semaines de cache-cache, elle a réalisé à quelle sauce elle allait être mangée. Elle avait déjà donné, n'avait pas envie de recommencer et l'a bloqué tant sur le site que sur son téléphone.

En bref…

Si vous vous respectez, vous n'accepterez pas que l'autre vous traite avec légèreté. Au fil des rencontres, vous apprendrez à délimiter votre territoire et à affirmer vos besoins, quitte à voir l'autre s'envoler parce que vous ne rentrez pas dans le moule qu'il a prévu pour vous. Très vite, vous aurez le réflexe de bientraitance chevillé au corps.

› Les méchants

Comment les reconnaître

Les méchants se caractérisent par une susceptibilité exacerbée, une réactivité impressionnante et une langue de vipère qui, selon leur caractère, peut siffler directement ou de façon plus sournoise. Ils ne répondent pas aux questions, ou répondent à côté, ou en posent une autre. Ils ne font pas de cadeaux, cherchent à vous déstabiliser. Les attitudes malveillantes s'expriment à travers des propos dévalorisants, des jugements à l'emporte-pièce, un supposé humour sarcastique... Ils critiquent énormément, tout, y compris vous, naturellement. Peu importe le style de votre bourreau, vous vous sentez sur la sellette.

Les méchants se déchargent sur vous de leur propre colère. Une fois de plus, le plus souvent en mode automatique, sans réaliser ce qui se passe, ils vous font vivre ce qu'eux-mêmes ont traversé.

Comment rebondir

Vérifiez à quelle catégorie ils appartiennent. Soit ils sont blessés et ont besoin d'être rassurés car ils ont souffert dans le passé, soit ils se sont identifiés à la personne qui leur a fait du mal et se comportent avec autrui sur ce même modèle. Il vous faudra, selon votre personnalité et vos mots, être direct, dans le style : « Tu m'intéresses, mais le petit jeu qui est en train de se mettre en place me "désérotise". Alors, soit tu continues sans moi, soit on passe à autre chose. »

Si votre nature vous conduit à avancer en louvoyant, tentez : « Quand je t'entends parler ainsi, je me sens déstabilisée et j'ai un peu peur. J'aurais besoin de me sentir plus en confiance. Te serait-il possible de... ? »

> **Jérôme, vingt-sept ans**, se sentait sur la sellette avec **Sophie, trente-deux ans**. Elle lui faisait passer un véritable interrogatoire, le visage fermé et la mâchoire serrée. D'un coup, sans réfléchir, il lui dit : « De quoi as-tu peur ? Que je te manipule ? Tu as besoin de te sentir rassurée ? » Sophie s'est arrêtée immédiatement, son visage s'est détendu. Elle a souri et une porte s'est ouverte dans leur début d'histoire.

En bref…

Écoutez votre corps, respectez-vous en sortant du jeu dès le premier malaise. La plupart deviendront doux comme des agneaux et vous seront reconnaissants de ne pas vous être laissé marcher sur les pieds. Quant aux autres, vous n'allez pas leur servir de *punching ball* !

› Les « surdoués »

Comment les reconnaître

Les surdoués et les caractériels présentent des traits communs. Les signes avant-coureurs et les différentes façons de les gérer se ressemblent.

Vous les repérerez par des réactions excessives, des bouderies, des petites rétorsions qui correspondent à des vengeances enfantines ou de grosses crises incontrôlables. La jalousie, le contrôle de votre emploi du temps, la volonté de vous transformer, pour votre bien, le don continu de conseils à suivre à la lettre, sont autant d'indices qui devraient vous mettre la puce à l'oreille.

Les surdoués, aussi qualifiés de « hauts potentiels », se sont répandus comme une traînée de poudre, à la suite d'une flopée de livres sortis sur le sujet. Nombre d'entre eux sont venus me voir en m'expliquant qu'ils étaient différents. Après moult recherches sur Internet, ils ont compris que leurs souffrances venaient d'une douance non détectée, qui les avait conduits à ressentir une solitude intense dans l'enfance. Ils se sont toujours sentis à part, intellectuellement, émotionnellement ; c'est pourquoi au collège, dans les groupes et souvent dans leur entreprise, ils ont du mal à trouver leur place.

Comment rebondir

Face à de telles personnalités, sans doute fascinantes mais parfois vampiriques, il convient de se positionner dès le départ. Chaque fois qu'ils gagnent du terrain, vous voilà encore plus sous emprise. Ne vous excusez pas, ne vous justifiez pas, n'anticipez pas leurs demandes pour éviter la scène qui se prépare. Si ces derniers ne veulent rien entendre, soit ils relèvent de la perversion, soit ils ont besoin de se faire soigner.

> **Léna, quarante-cinq ans**, adorait le style de **Raphaël, quarante-huit ans**. Lors des trois premières rencontres, elle avait été sous le charme, persuadée qu'elle avait trouvé le bon. Seulement, depuis quelques jours, Raphaël se manifestait moins ; elle le sentait fuyant. Elle décida de prendre de la distance et de le laisser venir. Il dû capter inconsciemment que leur lien se distendait puisqu'il lui proposa, enfin, un dîner. Elle s'y rendit, déterminée. Elle attendit le moment propice et annonça qu'elle voulait lui parler de choses importantes.
>
> Elle reprit point par point, avec beaucoup de douceur, ce qui l'avait gênée depuis qu'ils se fréquentaient, expliqua dans quel état elle se sentait et qu'elle ne voulait pas le vivre au quotidien. Il la remercia de sa franchise et répondit : « Je te propose d'y réfléchir et de voir si je peux tenir compte de tes besoins tout en respectant les miens. » Raphaël ne donna pas de nouvelles pendant une dizaine de jours, puis l'informa de sa décision de construire avec elle en se faisant aider.

En bref…

Généralement, une posture claire et affirmée fait fuir celui qui sent qu'il ne s'imposera pas. À l'instar des égoïstes et des méchants, les surdoués et les caractériels ont une relation difficile au cadre et aux limites.

› Les caractériels

Comment les reconnaître

Ce sont les bipolaires, les dépressifs chroniques, les colériques, les soupes au lait, bref tous les caractériels qui, dépassés par leurs pulsions, vous les imposent sans conscience. Certains, sous médicaments, peuvent sembler plutôt calmes. Néanmoins, ils arrêtent tôt ou tard de les prendre et révèlent leur vraie nature.

Généralement, les débuts avec un caractériel s'annoncent prometteurs, sur le mode « tout feu, tout flamme ». Mais l'état de grâce ne dure pas. Dès que l'affect entre en jeu, les réactions des caractériels, exacerbées par le stress d'une nouvelle rencontre, la peur de l'émotion qui pourrait en découler, peuvent être violentes. Et c'est là où vous avez du mal à lâcher. Vous avez adoré l'investissement des débuts et vous vous damneriez pour les revivre. Entre l'autre qui traverse ses éventuelles montagnes russes et vous qui aviez été programmé pour supporter beaucoup, une relation compliquée aurait pu démarrer… avant que vous n'ayez été prévenu !

Comment rebondir

Ces profils ont eu l'occasion d'imposer leurs excès sans rencontrer beaucoup de résistance. Ils sont craints, haïs, idolâtrés, protégés selon les particularités de leurs tendances naturelles. Une fois de plus, un positionnement clair dès le début, parfois même avant le premier rendez-vous, imposera un respect immédiat.

> **Jérémie, quarante ans**, agaçait **Mélanie, trente-huit ans**, depuis environ vingt minutes. Il pérorait et occupait tout l'espace. Mélanie l'interrompit et lui assena calmement mais fermement : « Depuis que nous sommes installés dans ce café, tu ne parles que de toi, tu mates ostensiblement les jambes de la serveuse et tu fais ton

intéressant auprès de la table d'à côté. Il y a un souci, je ne te plais pas ? Tu sais, je peux le comprendre et même l'accepter, mais sois clair ! »
Contre toute attente, Jérémie se décompose, marque un long temps de silence, fixe ses mains d'un regard absent, et après une éternité selon la jeune fille, s'adresse à elle : « Au contraire Mélanie, tu me plais beaucoup ! Alors je fais le coq et je me donne une contenance. Accepterais-tu que nous repartions sur de bonnes bases ? »

En bref...

Laissez toujours une seconde chance aux personnes qui semblent avoir des qualités intéressantes à vos yeux, au-delà de leurs excès. Pour autant, positionnez-vous, ne laissez rien passer et surtout, n'ayez pas peur de perdre l'autre en vous respectant. Au contraire, s'il se rebelle ou devient agressif, c'est vous qui n'aurez rien perdu !

EN RÉSUMÉ

Une relation se tisse toujours à deux et chacun est responsable de sa part. Quoi que vous fassiez, que vous luttiez ou que vous vous soumettiez, vous induisez des réactions chez votre partenaire qui, elles-mêmes, vous influencent. Mais au bout du compte, seule la qualité de la relation, sa fluidité et votre entente évidente et immédiate, seront importantes.

Je réussis le premier rendez-vous

« Vous n'aurez jamais deux fois l'occasion de faire une bonne première impression. » Cette phrase, qui a longtemps été mise en exergue dans les stages de commerciaux, n'a jamais été aussi juste qu'aujourd'hui. Tout se joue en effet dans la première minute, voire dans les premières secondes. Il suffit que vous alliez à votre rendez-vous sans conviction, sans vous mettre en valeur, pour le regretter ! Alors, convainquez-vous que ce moment se déroulera sous les meilleurs auspices et préparez-vous ! Gardez cette habitude pour tous les jours, en dehors des rencontres programmées, et même pour aller à la supérette à côté de chez vous !

› Vers le premier *date*

Les échanges avant le premier rendez-vous

À chaque prise de contact, vous allez collecter quelques informations et affiner votre ressenti. Avec ces différents éléments, il vous faut décider en temps réel de poursuivre ou de couper court, qu'il s'agisse d'un contact issu de la vraie vie ou trouvé sur une application.

Ne vous déplacez pas avant d'avoir obtenu des réponses sur les points suivants :

que veut réellement l'autre et depuis combien de temps il fréquente les sites ou utilise les applications,
- où habite-t-il et avec qui,
- l'âge et les conditions de garde de ses enfants s'il en a.
- Globalement, ces questions vous donnent les informations qui vous permettent de décider si vous devez aller plus loin.
- Il serait, au passage, intéressant de lui demander avec quels types de personnalités il s'entend le mieux. Généralement, vous apprendrez beaucoup de sa réponse. Certes il peut vous mentir, mais vous vous en rendrez compte en croisant les informations.

Tout homme qui cherche du sexe pas trop compliqué proposera très rapidement un verre. Les plus jeunes sont directs, ne savent pas jouer et obtiennent des refus.

Les autres ont suivi les cours de drague sur applications. Ils ont appris à pêcher intelligemment en rebondissant sur les quelques lignes du profil. Ils savent sortir des platitudes et créer de l'intérêt chez leur interlocuteur. Les plus de quarante ans mettent les formes.

Voilà quelques exemples de présentations ou de commentaires qui signifient que leurs auteurs cherchent des aventures sexuelles.

> • « Je profite de la vie, chaque jour qui passe se doit d'être croqué. »
> • « Entre un joli sourire sur un écran et un cocktail en terrasse avec une charmante inconnue, mon choix est vite réfléchi. Profitons de ces belles journées ensoleillées pour nous apprivoiser. »
> • « Des moments de complicité dans la joie, la bonne humeur, sans prise de tête, juste vivre, partager. »
> • « Le partage, le plaisir, l'échange, le joli moment auquel on repense… »
> • « Une belle rencontre, après on verra. »
> • « Une belle complicité, une belle rencontre. »
> • « Pour moi la sensualité, l'attirance, la sexualité sont très importantes dans une relation épanouie. »

> • « Rencontrer quelqu'un qui nous fait du bien, nous rend heureux, même si ça ne dure pas, c'est chouette ! »
> • « Hello ! nous semblons partager le goût du tango (du cinéma, des voyages…), pourrions-nous en discuter autour d'un verre ? »
> • « Des rencontres et plus si complicité. »

Notez l'euphémisme du mot « complicité », véritable fourre-tout qui signifie « Quand tu veux ! »

Les plus hypocrites savent montrer patte blanche : « Je cherche à écrire une belle histoire à deux », « Une belle rencontre agréable et durable ».

Je vous recommande vivement d'avoir une conversation téléphonique avant le premier rendez-vous. Ceci ne devrait pas poser de problème à la génération « petites annonces » et Minitel, en d'autres termes, la *old school*. Les plus jeunes découvriront le son et l'image en même temps.

> **Sylvain, trente-cinq ans**, qui se connaît bien, avait refusé le téléphone, sous prétexte de mystère. Et pour cause, lorsque Jeanne a entendu sa voix nasillarde et un peu ridicule, il avait beau être bien bâti et charmant, elle a été « désérotisée » dans la minute.

Les personnalités fourbes évitent le téléphone, la plupart du temps pour cause de vie conjugale. Échanger ainsi implique davantage dans la mesure où les deux confient leurs numéros. Vous saurez immédiatement si sa voix vous indiffère, vous rassure, vous crispe ou vous érotise. En outre, vous aurez l'opportunité de poser plus de questions, l'air de rien, de vérifier que vous êtes bien sur la même longueur d'onde. Méfiez-vous de ceux qui écourtent au bout de cinq minutes : vous n'avez probablement pas dit ce qu'ils avaient envie d'entendre ou ils sentent que vous ne rentrerez pas dans leurs attentes.

Méfiez-vous aussi de vous. Si vous occupez trop l'espace ou pas assez, si vous êtes maladroit, stressé, vous pourriez gâcher le contact. Vous devez vous rendre disponible pour ce moment-là, prêt à dire des banalités mais aussi des choses plus intenses, à être à l'écoute.

Tendez l'oreille, la voix, le souffle, les silences en disent long sur l'autre ; n'interprétez pas, tenez-vous en à ce qui est dit.

Enfin, n'oubliez pas qu'une rencontre réussie repose sur la mise en place d'une réciprocité systématique. Lorsque l'un des deux envoie un signal, l'autre répond et il n'existe pas de rapport de force avec un demandeur et un demandé. Il met des heures à réagir ? Faites de même ! Il disparaît au milieu d'une conversation qui s'approfondissait et permettait de faire connaissance ? Ne bougez pas : privilégiez la réciprocité ! L'autre a les meilleures raisons du monde de s'envoler. Non seulement il ne vous doit rien, mais le Web favorise des attitudes « légères ». Vous ne pouvez être seul à « nourrir » le lien fragile qui s'est créé.

Marcel Pagnol[1] propose une lecture éclairante, à travers ce qu'il nommait les sous d'amour. Imaginez que chacun mette un sou d'amour dans la relation. Le compte commun se garnit ; vous êtes riches de vos dons mutuels et de vos implications. Mais dès que l'un cesse de donner, la relation s'appauvrit. Par conséquent, la vigilance quant à la réciprocité doit être votre règle absolue.

Le choix du lieu de rendez-vous

Les personnes bien intentionnées proposeront un bar pour se retrouver, à mi-chemin entre les lieux de travail ou le domicile de l'un et de l'autre. Assurez-vous que vous pouvez quitter l'endroit facilement si vous le souhaitez, ou prolonger le verre par un dîner.

Ayez un réflexe tout prêt en cas de désastre au premier regard : « Je ne peux pas rester, je suis désolé, la *baby sitter* m'a lâché, mon boss vient de m'appeler… Une urgence…

1. Marcel Pagnol, *La prière aux étoiles*, Poche, 2003.

Mais je préférais venir te le dire en personne. » Et vous concluez avec un sourire contrit et désarmant.

Parfois, des propositions originales naissent d'une conversation : une invitation à un vernissage, une exposition, une conférence... Osez être inventif mais ne vous compliquez pas la vie, ne traversez pas la ville, tant que vous n'avez pas vu votre contact.

Prenez garde aux inconnus qui vous invitent directement chez eux.

> **Olivier, quarante-quatre ans**, s'était beaucoup investi dans sa rencontre avec Christine, à peine plus âgée que lui. Ils avaient tant échangé qu'il fantasmait déjà sur sa tendresse, son physique et ce qu'ils allaient partager. En plus, elle lui avait accordé sa confiance, dans la mesure où elle l'avait invité à boire le café directement chez elle. Il se voyait déjà amorcer le flirt, la revoir, lui faire l'amour et passer du temps avec elle.
> Quelle ne fut pas sa surprise, quand elle lui ouvrit la porte tout sourire dehors : la photo datait d'une dizaine d'années et elle avait pris au moins vingt kilos. Il s'est imposé de rester une heure, trop bien élevé pour claquer la porte derrière lui.

Une femme qui se respecte ne vous proposera pas de venir chez elle. Les autres vous piègent, messieurs : elles font monter la pression alors qu'elles ne ressemblent pas à leur photo et espèrent que, sur place, vous les honorerez quand même. Elles peuvent aussi chercher à vous impressionner, tant elles sont fières de leur maison et, peut-être, compenser ce qui leur fait défaut.

Les hommes, quant à eux, gagnent du temps en vous invitant chez eux : vous êtes sur place, ils peuvent vous entreprendre après une coupe de champagne. Généralement, leurs lieux de vie sont « vendeurs », peut-être pour que vous vous imaginiez l'habiter un jour ? Certains, lorsque vous refusez par *chat* ou par téléphone de leur rendre visite, vous disent de laisser tomber. Ils pouvaient se présenter sous leur meilleur jour tant qu'ils avaient l'espoir de vous déguster sur place, sans investissement. Le monde virtuel est devenu si rapide qu'un rien peut réveiller la réactivité de l'autre.

Vous avez enfin décroché un rendez-vous prometteur. Il s'agit maintenant de vous donner les moyens de le réussir.

› Je me prépare

Je me mets dans l'énergie de la rencontre

L'énergie dans laquelle vous allez rejoindre votre *date* compte tout autant que la manière dont vous l'aborderez. Vous mettre en condition nécessite avant tout de retrouver cette connexion avec la joie. Rayonnez la joie de vivre ! Elle est en vous, pas dans l'idée que vous vous faites de l'autre, de ce qu'il pourrait vous apporter ou réveiller en vous.

Si vous arborez votre tête des mauvais jours, transpirez l'angoisse et vous plaignez de tout, et plus particulièrement de vos ex ou de vos *dates* ratés, vous ne favoriserez pas l'installation d'un climat propice à la séduction.

Pensez à sourire, à rire. Soyez léger, subtil, conquérant, jamais arrogant. Sûr de vous mais avec humilité, avec élégance, aurait dit Jacques Brel.

Je porte une tenue adaptée

Normalement les femmes savent quelle tenue et quelle coupe de cheveux les valorise, qu'il s'agisse d'un entretien d'embauche ou du mariage d'un ami. Elles doivent prendre garde à la provocation : mettre leurs atouts trop en avant pourrait fausser leur message. Un sein entraperçu ou deviné génère plus de mystère qu'un décolleté vertigineux.

Les messieurs veillent à se présenter avec des cheveux bien coupés, une barbe entretenue, des effluves agréables, des habits élégants. Savent-ils que les jeunes femmes dépensent entre trois cents et cinq cents euros par mois pour les séduire : et eux ?

D'une manière générale, achetez peu, mais des vêtements de bonne coupe et de bonne qualité. Privilégiez un style « Quoi qu'il arrive, je me sens bien ». Votre aisance doit sembler naturelle. De temps à autre, parlez moins, pratiquez la méthode des « trois S », laissez quelquefois passer un ange…

Si par hasard vos collègues vous ont fait comprendre que vous étiez suranné, « ringard » ou « bolosse », adressez-vous à des professionnels[1] pour adopter une image plus moderne et choisir la bonne posture. Vous n'allez tout de même pas gâcher des semaines de préparation par un sabotage de dernière minute !

Maintenant que vous avez votre tenue « spéciale premier rendez-vous » et quelques idées pour les suivants, vous êtes prêt à la rencontre.

› La rencontre

La prise de contact

Les premières secondes s'avèrent primordiales. Tout se passe dans ce laps de temps très court. L'autre est devant vous, à la fois proche de ce que vous aviez en tête et à la fois si différent, tellement humain somme toute. Sur son visage, vous devriez lire sa satisfaction ou son éventuelle déception. Dites bonjour clairement, dans les yeux, et souriez. S'il sourit aussi et continue à le faire un peu bêtement, voyez-le comme un signe positif. Marquer un temps de silence donnera plus de profondeur à ce début de lien.

1. http://www.syndicat-conseilenimage.org/

Lors de la plupart des rendez-vous de ce type, les protagonistes se font la bise, à la fois un peu gênés (on ne se connaît pas), à la fois comme un réflexe (il faut bien se donner une contenance). Tendre une main ferme marquera une distance de votre part. Ne le faites que si l'autre ne vous inspire pas.

Quelles qu'aient été la qualité et l'intensité de vos échanges préalables, vous redémarrez à zéro. Abordez d'abord les banalités, sans précipitation, pour vous chauffer. Au fur et à mesure, prenez vos marques et la glace se brisera. Ralentissez, écoutez votre ressenti. Si vous faites le show, vous n'entendrez rien.

J'écoute mon corps

Écoutez votre corps, il vous donne des informations essentielles. Soit il exprime une fermeture, soit il s'ouvre, preuve que la rencontre semble prometteuse Que dit-il quand vous voyez votre contact pour la première fois devant vous ? Que sentez-vous au niveau du cœur, de la gorge, du ventre ? Votre nuque se pince-t-elle, votre dos se bloque-t-il, votre respiration se coupe-t-elle ? Ou, à l'inverse, sentez-vous des papillons dans le ventre, la zone du plexus solaire qui s'ouvre de satisfaction ? Faites confiance à vos impressions initiales et à votre intuition, elles ne vous trahiront jamais.

Dès lors que vous ressentez, en présence de l'autre, une angoisse diffuse, une contraction à l'intérieur de vous, une sensation de malaise, c'est que votre corps vous met en garde. Il vous envoie un signal selon lequel la personne en face de vous dégage quelque chose qui ne vous convient pas.

Ces ressentis puisent leur origine dans le rejet ou l'attirance. Le rejet se manifeste en quelques secondes. Il cristallise votre déception, la réaction globale de votre organisme face à la situation réelle et, bien sûr, votre intuition qui vous signifie, à sa façon, de ne pas y aller.

L'attirance correspond à un mélange de plaisir (l'autre vous ravit), d'attente fébrile (c'est peut-être le bon) et, déjà, d'un désir potentiel (vous savez que vous pouvez l'embrasser). Toutefois, ne confondez pas l'attrait sensuel avec l'évidence qu'il s'agit du bon. Vous pouvez vous désirer mutuellement, cela ne signifie pas pour autant que vous planifiez vos prochaines années de la même façon. Il s'agit, maintenant que vous avez fait le plus difficile, de ne pas mollir et de rester centré sur votre objectif, sans vous laisser perturber par le chant des sirènes.

Je mène l'enquête en souplesse

Vous vous demandez si vous allez partager votre intimité avec cette personne en face de vous. Pour vous épargner toute déconvenue, une enquête préliminaire est nécessaire! Combien d'idylles ont-elles été engagées pour le pire, faute d'avoir posé les bonnes questions. Au moment du clash, l'un dira à l'autre : « Mais tu ne m'avais pas dit que tu habitais encore avec ton ex! » Et l'autre répondra : « Mais tu ne me l'as pas demandé! »

Faites connaissance tranquillement, à votre rythme, sans oublier que votre but est d'obtenir le plus d'informations possible quant au projet, aux valeurs de l'autre et à ses intentions à votre égard. S'il a envie de se raconter, mais semble se retenir, encouragez-le; plus vous en apprendrez, plus vous saurez où vous allez.

Vous allez vérifier point par point que vous êtes en phase. Selon votre âge, les questions ne seront pas les mêmes.

- **Emma, vingt-trois ans**, a étudié dans différents pays et veut vivre à l'étranger. Elle a besoin d'être rassurée sur la dimension internationale de son soupirant.

- **Gala, vingt-cinq ans**, quant à elle, vient de passer deux ans avec un manipulateur à tendance alcoolique; elle note le rapport que son *date* entretient avec la boisson. Elle ne doit pas juger trop vite car elle sait aussi que, dans sa génération, boire a une fonction sociale, lorsqu'il n'existe pas d'enjeux importants le lendemain. Elle risquerait de voir des alcooliques en puissance à tous les coins de rue.

- **Sidonie, trente-deux ans**, analyse les capacités de l'autre à devenir père avec elle dans les deux années à venir.

- **Danièle, soixante-trois ans**, médecin, va travailler jusqu'à l'âge de soixante-dix ans. Elle s'interroge sur la capacité d'un jeune retraité à supporter son activité.

- **Richard, cinquante-cinq ans**, a été abonné à l'auberge du cul tourné avec son ex. Il veut être certain que les ébats érotiques feront partie de son quotidien.

- À l'inverse, **Jacques, soixante-six ans**, s'intéresse aux femmes plutôt calmes de ce côté-là, ou qui acceptent le plaisir qu'il aime à leur donner. Depuis qu'il a eu un cancer de la prostate, il connaît ses limites et redoute des exigences féminines qu'il ne pourra satisfaire.

- **Ludovic, trente-six ans**, ne se sent pas encore prêt à devenir père. Il aimerait que sa partenaire accepte de voyager avec lui pendant les quatre années à venir, avant de se ranger.

- **Tristan, vingt-cinq ans**, a un bon travail. Il a déjà acheté son appartement. Il ne lui manque plus que la femme !

Chacun conçoit les notions de fidélité et d'exclusivité d'une manière bien particulière. Ne passez pas à côté de ces informations qui seront abordées simplement, dans la transparence.

Tout se dit en effet lors des deux premières rencontres : le discours officiel et le programme secret que votre prétendant vous réserve. L'écoute des mots, des silences et du langage du corps est essentielle. Elle vous guide pour poser les bonnes questions tant que l'autre, tout à sa séduction, a relâché sa garde. Plus tard, ce sera trop tard : vous serez déjà cuit et l'huître sera refermée.

Par petites touches, il va parler de son passé, de sa famille, de son enfance, de ses envies, de ses projets. Derrière la version « lisse » de son parcours amoureux, traquez le *bad boy* ou la Cruella qui l'ont fait tant souffrir. Vérifiez qu'il a vraiment pris du recul, coupé les liens, et que l'autre ne va pas réapparaître.

La plupart du temps, d'après la « victime », tous les feux étaient au vert : fluidité et réciprocité des échanges, présence, compliments… Pourtant, il aurait suffi d'un interrogatoire poussé pour réaliser qu'au moins un détail clochait.

À cet égard, vous apprendrez beaucoup en demandant à votre contact quel type de relation il entretient avec ses parents et sa fratrie. S'entendent-ils bien, se voient-ils souvent ? Organisent-ils souvent des réunions de familles ?

PASSEZ À L'ACTION

→ Observez comment les hommes se comportent avec leur mère. S'ils sont en colère, vous saurez comment ils vous traiteront. Ils peuvent aussi projeter sur leurs compagnes la rage éprouvée à l'égard de leur père. S'ils sont fusionnels avec maman, préparez-vous à un ménage à trois.

→ Observez comment les femmes se conduisent à l'égard de leurs parents : sont-elles des petites filles en demande d'attention, des rebelles qui prétendent ne rien attendre, mais sont toujours fâchées, jalouses de leurs sœurs ? Passent-elles chaque jour du temps au téléphone avec l'un des membres de leurs familles ?

Les plus jeunes déclinent leurs références musicales, leur univers, leurs voyages, leur famille ; leurs aînés se définissent en fonction des épisodes clés qui ont jalonné leur parcours : les ex « officiels », les enfants, les séparations, les déménagements, les changements de travail. Restez légers mais ne perdez pas le fil, abordez les sujets de fond, sauf le sexe.

Conciliante ou rebelle, la gent féminine aussi est concernée. La colère de la femme contre l'un de ses parents, projetée sur son compagnon, reste un grand classique ! La belle-mère qui régimente tout ou qui fusionne avec sa fille est difficile à supporter pour de nombreux hommes. La grande différence trouve son origine dans le fait que le plus souvent ce sont les femmes qui initient la rupture.

Messieurs, vous découvrirez en partie leurs personnalités à travers la façon dont elles sont parties ; intéressez-vous aux raisons qu'elles voudront bien livrer. Vous obtiendrez des indices quant à leurs attentes. Demandez-vous si elles ont pacifié avec le masculin ou si elles sont toujours en colère ? Une femme encore fâchée peut vous faire payer pour les précédents ou exiger de vous la perfection et la présence que ces derniers n'ont pas su lui apporter. Dans les deux cas, interrogez-vous sur l'espace qu'elle vous laisse pour vous épanouir.

Mesdames, demandez-leur de quelle manière leurs principales liaisons se sont terminées. La façon dont ils se sont séparés de la précédente vous enseignera s'ils ont encore des raisons d'en vouloir aux femmes. S'ils ont été quittés, trompés ou maltraités, tentez d'en déceler la ou les causes.

Souriez, écoutez, échangez. N'occupez pas tout l'espace. Chaque fois que vous parlez de vous, invitez-le à parler de lui sur le même sujet (famille, enfance, ex, études, travail, vacances…).

J'y vais ou je n'y vais pas ?

Vous avez souvent tendance à chercher le mouton à cinq pattes et à oublier que l'autre est un tout avec ses forces, ses fragilités, ses ombres. Sa vulnérabilité, quand elle est assumée et non cachée, le ou la rend terriblement attachant, bien au-delà des considérations physiques. La plupart du temps, ce sont des détails qui court-circuitent « l'énamourement ». Parfois, il s'agit de la surcharge pondérale ou d'un trait de caractère.

- Ainsi **Philippe** fuit dès qu'une femme lui coupe la parole ou « la ramène », selon ses termes.

- À l'inverse, **Jérôme** a besoin de sentir du répondant face à lui, sinon il s'ennuie.

- **Laurent, quarante ans**, fondait pour Véronique ; elle avait tout pour lui plaire et l'attrait paraissait réciproque. Quand il s'est rapprochée d'elle, à la fin, pour lui dire au revoir, leurs lèvres se sont jointes tout naturellement ; malheureusement, son haleine l'a dégoûté. Et cette odeur-là, il la connaissait bien. Il l'avait déjà supportée pendant vingt ans avec la mère de ses enfants ; il devait fuir ! Comment lui dire que, non seulement il était dérangé mais que, pour couronner le tout, elle lui rappelait son ex ?

Si vous ne ressentez pas d'attirance physique bien que la personne devant vous ait, de toute évidence, les qualités attendues, ne vous forcez pas. Ce qui manque au début d'une relation, que vous l'appeliez le charme, le désir, la petite étincelle, n'apparaîtra pas avec le temps. Ne vous échinez pas de longs mois avec votre silex, le désir doit être là lors du premier rendez-vous ! Cela ne signifie pas que vous êtes face à la bonne personne, mais simplement que les feux sont au vert. Ils peuvent passer au rouge très rapidement.

- Quelquefois, les femmes, face à la persévérance et à la « bonne conduite » de leur soupirant, finissent par s'abandonner : « Il est gentil, il a l'air amoureux », pensent-elles. Et, curieusement, à partir de cet instant, il manifeste moins d'intérêt. Tout se passe comme si leur distance spontanée les avait rendu plus désirables et que leur rapprochement les avait « désérotisées ». En fait le rapport de force s'est inversé : de chassées, elles sont devenues chasseuses. Si cela devait vous arriver, ne persistez pas, car les souffrances mâtinées de frustrations ne font que commencer alors que votre futur maître ne vous inspirait même pas.

- Du côté des hommes, le choix par défaut de la femme tendre, dévouée et exempte de toute trace d'hystérie, leur offre des perspectives de calme après la tempête d'une liaison destructrice et énergivore. Soyez-en toutes bien conscientes, l'histoire qui pourrait commencer sera pour eux une relation de guérison. De fait, une fois le deuil de la Cruella effectué, l'ennui les assaillira et ils seront hantés par l'idée de vous tromper malgré la culpabilité qu'ils ressentiront.

Pour cette raison, vous les gentilles filles, avant de penser que ce partenaire-là pourrait devenir le bon, vérifiez qu'il n'a pas d'histoire à digérer.

Il suffit parfois qu'il s'investisse avec vous pour que l'ex, qui n'en voulait plus, s'intéresse soudain à lui, tout émoustillée par le nouveau charisme que lui confère votre relation.

J'évite les écueils

Les sujets à éviter sont le sexe (sauf si vous voulez terminer la soirée dans un lit), et les conflits (avec vos voisins, vos parents et vos ex). La politique, terrain miné, peut générer un clash ou des accointances. Tout dépend de l'investissement que vous y mettez et des valeurs qui le sous-tendent. Si vous êtes ou avez été très actif dans un parti politique, positionnez-vous et annoncez la couleur. Vos idées pourraient poser un problème si votre contact est de l'autre bord.

Attention à la familiarité et à la vulgarité qui démarrent, parfois, avec le tutoiement et conduisent souvent à des commentaires déplacés. Si la femme se lâche, l'homme se sent autorisé à l'entreprendre. Si l'homme devient trop gaillard pour vous, remettez-le à sa place. Commencez par le cadrer et, si cela ne suffit pas, faites mine de vous lever. Ne supportez pas qu'il se comporte mal à votre égard ou même à celui de la serveuse. N'hésitez pas à le planter là, au café ou au restaurant, au cas où il raconterait des histoires glauques ou obscènes.

Mesdames et mesdemoiselles, laissez-le s'exprimer avant d'affirmer qu'il n'a rien à dire. Si vous appartenez à la vieille école qui trouve normal de se faire inviter, ne commandez pas le plat le plus onéreux sur la carte pour le tester. Ne prenez pas non plus l'omelette dans la crainte de lui coûter cher. Pensez à vos papilles et soyez prête à payer votre part si vous n'avez pas l'intention de le revoir.

Quant à vous, messieurs, votre tendance à ne poser aucune question à votre interlocutrice lui révèlera l'importance de votre ego et vous condamnera tout de suite ; votre radinerie aussi !

> **Angélique, trente-deux ans**, le nouveau contact de Sébastien, avait toujours vu son père les gâter, ses sœurs, sa mère et elle. Pour Angélique, il était évident que le jeune homme allait l'inviter lors de leur premier rendez-vous.
> Tout naturellement, elle s'est éclipsée vers les toilettes au moment de l'addition. À son retour, Sébastien, fidèle à son habitude, n'avait pas bougé. Alors Angélique a dit très calmement avec aplomb : « Qu'attendons-nous pour aller boire un verre ailleurs ? » Désarçonné, il a sorti sa carte et a réglé. La posture de la jeune femme était tellement claire, c'était tellement évident qu'il la gâterait lui aussi, qu'il l'a fait ! Depuis, Sébastien ne se fait pas prier pour payer la note !

Certains s'arc-boutent sur des questions d'argent, pour ne pas le lâcher ou pour acheter l'autre. L'homme peut aussi, de son côté, avoir l'impression d'être pris pour un portefeuille sur pattes. En définitive, ces situations troubles (qui paie ?) réveillent souvent de telles blessures chez l'un des deux qu'elles tuent dans l'œuf bien des idylles naissantes. Tout cela pour quelques euros.

Trop d'intimité...

Des échanges sur des thématiques trop personnelles apparaissent comme une arme à double tranchant. D'un côté, ils créent l'intimité, par conséquent le rapprochement et le désir. De l'autre, ils donnent l'impression d'avoir déjà tout dit, un peu comme si les deux avaient déjà fait le tour de l'autre et n'avaient plus rien à apprendre de lui.

> **Samantha, vingt ans**, raffolait du moment qu'elle passait avec Alex. L'intimité était telle qu'ils en sont venus à se faire des confidences et à se parler de leurs complexes mutuels. Il lui avoua que sa maigreur excessive lui posait un problème. Elle évoqua sa poitrine, trop petite. Ils semblaient se consoler ensemble d'un schéma corporel défaillant.
> Mais il disparut, après cette merveilleuse soirée pendant laquelle elle avait vraiment goûté ce que pouvait être la communion de deux êtres. Au bout d'une semaine, elle craque et lui envoie un texto. Il se confond en excuses et prétend être retourné avec son ex qu'il n'avait pas oubliée.

Une fois sur deux, les ex servent de prétexte pour ne pas blesser la personne rencontrée. Dans le cas d'Alex, il a sans doute, sur le moment, apprécié le fait d'être lui-même et de se livrer sans masque. Seulement, le lendemain, la honte ontologique est revenue. L'idée que Samantha puisse le juger dans ce qu'il avait de plus personnel demeurait insupportable.

Autre cas, celui de Jean-Baptiste, qui osa dès le départ montrer sa sensibilité à Pénélope :

> **Jean-Baptiste, trente-cinq ans**, craquait déjà pour Pénélope avant même de l'avoir vue. Ses photos, la qualité de leurs échanges sur le *chat*, tout laissait penser qu'elle ne le décevrait pas.

Et ce fut le cas, il fut même agréablement surpris par sa sensibilité bien plus rafraîchissante, étonnante et pétillante qu'il ne l'imaginait, mais tout aussi subtile et sensorielle qu'il l'espérait. Il décida de se montrer dans sa fragilité et évoqua l'imposteur en lui, celui qui croit avoir usurpé sa place et n'avoir droit à rien. Touchée, Pénélope évoqua ses doutes, son manque de confiance dans sa séduction, depuis son divorce.
Cette intimité créa du lien et le lien provoqua du désir. C'est ainsi que leur idylle démarra.

Coucher la première nuit ?

« Sommes-nous intimement compatibles ? » se demandent-ils. Souvent, quand le feeling est réciproque, des gestes doux s'échangent lors de la première rencontre. Une main cherche l'autre, un bras entoure une épaule, des lèvres se rejoignent chastement : les signes de l'attirance sont là. Parfois, un flirt torride dans la voiture ou sous la porte cochère de la belle fait définitivement basculer les protagonistes du côté de la sensualité.

Ce partage de tendresse s'avère primordial. Il permet de vérifier que le désir est bien présent, que les corps se comprennent. Pour autant, il ne signifie rien. Combien de rapprochements n'ont-ils pas eu de lendemain ! Hormis les affamés qui se jettent l'un sur l'autre comme des bêtes, la plupart des hommes et des femmes se contentent de cette micro approche et se préparent pour la suite.

Vous retrouver dans un lit aussi rapidement relève du grand n'importe quoi. Non seulement vous banalisez votre début de relation mais, surtout, vous ne vous savez rien l'un de l'autre. Quid de l'attente, de la montée du désir, de l'installation de l'état amoureux ? Le temps où de belles et longues histoires naissaient après le premier soir semble révolu. Auparavant, ceux qui concrétisaient avaient en réalité des amis communs qui servaient de référents. Ils appartenaient à des milieux sociaux similaires ou avaient des valeurs communes. Au temps du zapping et du siège éjectable, si vous avez envie de pérennité, prenez votre temps. Vous verrez si vous avez toujours envie de vous voir après un certain nombre de rendez-vous ou si l'autre s'est évaporé. Et, quand bien même vous seriez face à une âme sœur, vous l'avez attendue suffisamment et n'en êtes plus à quelques semaines près.

De surcroît, l'homme aura peut-être moins envie de découvrir un fruit dont il connaît déjà la saveur. Quant aux femmes, toutes celles que j'ai coachées, quel que soit leur âge, se sont mordu les doigts d'avoir cédé la première fois. Les hommes que j'ai coachés qui couchent « trop vite » le font souvent contre leur gré. Ils auraient voulu aller à leur rythme, mais leur walkyrie en a voulu autrement, et ils se sont retrouvés embarqués dans une histoire qu'ils n'ont pas vraiment choisie, sans parvenir à dire non.

En effet, ces jeunes gens ont souvent été élevés sans père ou dans le culte de la femme avec l'interdiction de se comporter en homme, de façon à ne pas ressembler à celui qui avait fait souffrir leur mère. Des centaines de vidéos, présentées par des voyous au cœur tendre, qui, à trente ans, cumulent dix années d'expérience dans *The game*, pullulent sur le Net. Ce nom était donné par les Américains au jeu de la séduction dans les années quatre-vingt-dix. Ils avaient un forum et partageaient leurs conseils ainsi que le livre de leur idole, Neil Strauss. Les nouveaux *players* n'ont guère plus de trente ans et ont adapté la méthode à la France d'aujourd'hui. Ils s'adressent aux milliers de coincés qui rêvent leur vie de séducteur consommateur. Les experts expliquent à quel point dégager la testostérone est important. Ils font l'aumône de quelques recommandations gratuites mais, immédiatement, proposent une formation ou un *e-book* payant pour en maîtriser les arcanes. Comme si être en contact avec son bas-ventre s'apprenait dans les livres !

Toutefois, ils offrent de nombreux conseils forts utiles à la gent masculine. Ainsi, un bon dragueur doit inspirer confiance, mettre les gens à l'aise, être apprécié dans son environnement. Il a travaillé sur lui, ce qui lui donne de l'aisance et de l'assurance. De la propreté au style, en passant par la culture, ils remplacent, en définitive, le père que leurs élèves n'ont pas eu, par une absence physique ou psychologique. Mieux vaut une éducation sur le tard que pas d'éducation du tout !

Si vous croisez un chasseur (ou un ancien *loser*, comme disent les *coachs* pour hommes) qui a appris sa leçon, il arrive qu'il insiste à la fin du premier rendez-vous pour vous butiner. Face à votre résistance, il va tenter autre chose.

> C'est ce qui est arrivé à **Chrystelle, quarante-cinq ans**. Après quelques années d'absence, elle revenait dans le monde de la séduction et n'en maîtrisait pas les nouvelles règles.
> Lorsque Jérôme la dépose devant chez elle et entreprend de l'embrasser, elle frétille. Elle sait qu'elle ne doit pas le faire monter, mais il met une telle pression qu'elle craint de le perdre. Alors elle cède à la demande de Jérôme et se sacrifie pour qu'il ait du plaisir. Quelques échanges de SMS plus tard, il coupe brusquement tout contact et la bloque sur son téléphone.

La peur de ne plus revoir l'autre conduit souvent les femmes à se soumettre. Or ce type de chantage produit exactement l'inverse de ce que qu'elles attendent. Moins elles se respectent, moins les hommes les respecteront. Si refuser d'entrer dans l'exigence de son contact le fait disparaître, c'est qu'il n'a pas une grande considération pour elle ; elle n'a rien perdu.

À qui n'osiez-vous pas dire non autrefois, quand les demandes, voire les ordres, tombaient ? Si les conditionnements d'hier réapparaissent parfois par soubresauts, soyez en alerte ; respirez et rappelez-vous que vous n'avez plus cinq ans. Avec votre nouvelle personnalité, votre capacité à être centrée sur votre objectif, vous n'aurez aucun mal à rentrer chez vous… sans le faire monter, en le laissant au pied de l'immeuble…

Certaines femmes utilisent, à l'instar de beaucoup d'hommes, leur *date* comme un *sex toy*. Elles envisagent de passer un bon moment, de se faire plaisir, sans attente. Généralement, elles savent dès le départ où elles vont et n'éprouvent aucun état d'âme. Il s'agit d'un accord commun pour passer la nuit ensemble et rien de plus car, prétendent-elles, elles ne veulent pas d'engagement. Leurs priorités sont ailleurs, dans leurs études, leur avenir, leurs enfants. L'homme n'est qu'une parenthèse sensuelle. D'autres souhaitent à l'origine la même chose que le monsieur, seulement elles s'attachent au bout de quelques semaines… C'est là où tout se complique, quand les sentiments s'en mêlent faute de clarté avec soi-même au moment de la rencontre…

› À la fin du premier rendez-vous…

Habituellement, à la fin du premier rendez-vous, l'homme envoie un texto le jour même, pour signifier son contentement. Si le sentiment est partagé, la femme répond dans la foulée et sur le même ton. Quelques échanges s'ensuivent, qui permettent de déterminer le rendez-vous suivant.

Le fait que la femme prenne quelquefois l'initiative dans la phase virtuelle ne prête pas forcément à conséquence. Pour autant, après le premier rendez-vous, il est primordial qu'elle laisse venir l'homme pour mesurer son intérêt à son égard. S'il veut vous revoir, ne vous inquiétez pas, il se manifestera. S'il ne le fait pas ou s'il traîne, une fois encore, vous n'êtes pas sa priorité.

Néanmoins, la plupart du temps, un couac altère les jolis démarrages. L'un des deux a passé un bon moment, mais il ne réagit pas. Et même si l'homme a envoyé le « texto de satisfaction », même si elle a répondu, la suite ne coule pas de source pour autant. En effet, l'un peut garder son *date* au chaud, souvent parce qu'il a une personne plus inspirante en vue (plus ceci, moins cela). L'autre y voit son intérêt parce qu'il a aussi d'autres contacts à revoir. Parfois, vous ne devrez votre salut qu'au manque de réactivité d'un rival dont vous n'aurez jamais entendu parler.

En règle générale, plus vous êtes touché, troublé, enflammé, plus vous avez tendance à considérer celui qui vous a inspiré comme un « premier choix », d'autant plus érotisé qu'il paraît inaccessible.

- En termes de *sex appeal* ou de charisme, il vous donne l'impression d'être légèrement mieux que vous. Certes, cette appréciation est relative, arbitraire et interprétative.
- Bien qu'elle vous renvoie, vous l'avez compris, à vos doutes, à une vieille blessure d'abandon ou de rejet, vous êtes parfaitement capable d'estimer qu'il vaut par exemple 16/20 et vous 12/20. C'est sans doute à l'égard de vos rivaux que vous seriez le moins objectif. Vous manqueriez en effet d'éléments en dehors du physique pour apprécier les qualités de charme, de réparties et d'humour.

Ces ressentis secrets (ils n'existent qu'entre vous et vous) rappellent une fois de plus les appréciations « jugeantes » que votre famille portait sur vous dans des temps plus anciens. Face au regard de l'autre, et particulièrement face à un être qui vous a vraiment plu, vous redevenez un petit enfant sur la sellette qui attend le verdict des parents : a-t-il réussi à les satisfaire ? Voilà pourquoi, si l'autre ne manifeste pas le fait d'avoir été lui aussi sous votre charme, un pan de votre enfance se réactive.

Vous ne pourrez jamais traiter par le mépris le manque d'intérêt de l'autre à votre égard. En revanche, vous pouvez comprendre que l'enfant blessé à l'intérieur de vous se sent rejeté, incompris de nouveau. Peut-être que, si vous aviez été autrement (plus ceci, moins cela), vous auriez capté l'attention, voire éveillé une folle passion chez votre *date* et, derrière lui, la reconnaissance des personnes qui vous ont élevé. En effet, plus celui qui vous inspire semble inaccessible, plus il est auréolé et attrayant : son charisme et sa distance vous fascinent.

Heureusement, vous êtes adulte et vous pouvez, cette fois, prendre du recul. Si vous baignez dans cette sensation glauque du rejet, vous risquez deux écueils : d'une part, vous dévoiler de façon excessive, révéler votre dépendance et que l'autre en profite ; d'autre part, souffrir inutilement, compenser avec des rendez-vous en série pour vous rassurer, et vous retrouver investi dans une relation que vous n'aurez pas choisie.

EN RÉSUMÉ

Vous avez accompli le plus difficile, rencontrer des partenaires potentiels et, avec l'un d'entre eux, vous avez ressenti de l'envie, du désir, bref vous vous êtes senti vivant en sa compagnie. Maintenant, il est temps de passer à la phase suivante…

Je démarre
la relation sur de bonnes bases

Lorsque les amoureux en herbe émettent sur la même fréquence, le scénario traditionnel passe par l'envie de se revoir rapidement, la tendresse puis la sensualité et, enfin, la possibilité d'un avenir.

› Passer du premier rendez-vous au second

Dans le scénario classique :

- L'homme propose rarement une prochaine rencontre à la fin du premier rendez-vous. En revanche, il envoie un SMS dans les deux heures et offre l'opportunité de la revoir.
- La femme répond dans la foulée, en substance que le plaisir est partagé, et elle se positionne en fonction de son emploi du temps.
- Parfois, il écrit pour la rassurer et se laisser la possibilité de revenir vers elle lorsque le besoin s'en fera sentir ou lorsqu'il sera disponible. Là encore, un être droit annoncera la couleur et expliquera pourquoi il ne peut proposer de jour précis. L'être tordu, lui, se garde bien de fixer quoi que ce soit et ne se justifie pas.

- Heureuse d'avoir reçu *the* texto, elle ne voit pas le piège. D'ailleurs, à ce stade, les deux peuvent encore s'évaporer, surtout si d'autres contacts, plus avancés et parfois plus attrayants à leurs yeux, se manifestent davantage.

J'ai souvent noté, sur le terrain, que le mâle directement entrepris se laissait faire. Pour autant, il ne s'abandonnait pas vraiment, comme s'il se préservait ou se tenait prêt à quitter le navire. Cela explique l'importance de le laisser venir, ne serait-ce que pour voir ce qui le meut, bref ce qu'il a dans les tripes à votre égard.

Il n'y manquera pas, c'est juste une question de temps. Il suffit de lire les confidences des jeunes bloggeurs en mal d'amour sur le Net. Ils mettent des heures à chercher la meilleure approche pour recontacter la donzelle. Ils ne veulent pas en faire trop, l'embarrasser, mais ils savent qu'ils doivent battre le fer tant qu'il est chaud. Alors, timides ou pas, conscients qu'elles peuvent leur échapper, ils finissent par sortir du bois dans les vingt-quatre heures, même les plus âgés d'entre eux.

Donc, messieurs, si vous avez envoyé un signe et qu'elle ne répond pas, ne bougez pas : elle a mieux à faire. La relancer consisterait à vous placer en position de dépendance.

L'inverse est vrai aussi, sauf que la gent féminine vérifie qu'elle intéresse un peu sa cible avant se manifester. La fluidité dans les contacts, gardez-le en tête, reste le signe de bonne santé pour l'avenir de cette relation naissante.

› Le second rendez-vous

Concrètement, la plupart des hommes ne donnent plus signe après le second rendez-vous, parce qu'ils n'ont pas couché ou parce que vous étiez loin d'incarner une potentielle favorite. Ceux qui se manifestent encore après la cinquième rencontre méritent votre attention.

Quant aux femmes qui s'envolent dans la nature, elles sont peut-être encore amoureuses de leur ex et espèrent l'oublier à travers vous. À moins qu'elles ne craignent de vous blesser en vous disant non. Le plus souvent, elles cherchent un soupirant plus sexy, plus grand, plus riche, plus chic, dont elles pourraient être plus amoureuses, pour se valoriser à travers lui ou tout simplement parce qu'elles sont un peu vénales !

Dans tous les cas, l'équilibre dans les échanges reste fondamental, particulièrement pendant ces moments fragiles qui constituent la naissance d'une idylle.

Si tout se passe bien, vous partagerez une suite de rendez-vous « découverte », supposés déboucher sur la sexualité. Entre-temps, la notion de « vous deux » va encore évoluer. La vision d'un avenir commun est déterminée, selon l'âge, par les questions suivantes. Naturellement, si vous vous situez entre les deux propositions, adaptez-les à vous.

- Pour les moins de quarante ans : est-ce que vous voyez l'autre comme le père ou la mère de vos enfants ? Même si vous ne craignez plus les jugements de vos parents, avez-vous envie de le leur présenter ? Est-ce que vous vous imaginez dans dix ans avec lui ?
- Pour les autres : pourriez-vous le présenter à vos enfants ? Avez-vous envie d'en avoir un avec lui ? S'entendra-t-il avec votre environnement ? Vous visualisez-vous vieillir ensemble ?

Normalement (mais existe-t-il une norme en matière d'affect ?), après vous être approchés, reniflés, racontés, émus le plus longtemps possible, vient l'heure de la sexualité. Souvent, vous n'attendez pas assez longtemps. Soyez cependant certaines, mesdemoiselles et mesdames, qu'avoir attendu n'implique pas que vous aurez signé un contrat d'exclusivité et de longévité avec votre partenaire.

› La première nuit

Avant toute chose, ne croyez pas que tous les hommes sont capables de passer la nuit et de disparaître dans la nature. Les générations des années quatre-vingt ont développé leur féminin et se montrent parfois plus sensibles que certaines filles. Ceux qui sont nés dans les années cinquante et après ont généralement tiré un enseignement des coups que la vie leur a portés. Tous ressentent, souffrent et parfois même, l'expriment ! Celles qui fondent dans leurs bras et ne répondent plus à leurs textos parce qu'elles n'étaient là que pour assouvir une pulsion, se comportent comme un homme et génèrent la même frustration que ce dernier.

Soyez honnête dès le départ. Plus vous serez clair, plus la suite sera simple. Dites ce dont vous avez envie et ne promettez pas plus. L'autre entendra ce qu'il voudra, mais cela lui appartient.

Alors, quand on vous murmure : « Je ne sais pas où je vais, je ne suis pas sûr d'avoir envie de m'engager, je me pose des questions », considérez que vous avez en face de vous un être droit et croyez-le ! Il ne faudra pas vous lamenter par la suite en le traitant de salaud et elle de garce parce que vous avez pensé qu'avec vous, ce sera différent ou qu'il(elle) changera d'avis.

Dans l'immédiat, vous frétillez tous les deux, les feux sont au vert, il y a du désir dans l'air ! Il arrive que vous vous retrouviez dans l'intimité sans l'avoir prévu. À ce stade de l'évolution de la relation, vous l'avez décidé d'un commun accord, donc il ne s'agit pas d'une surprise. Avant de vous lancer, préparez-vous. Une première nuit ensemble, c'est important ! Voici une petite préparation à la nuit d'amour pour les hommes et les femmes

QUESTIONNAIRE

Oui Non

❑ ❑ Êtes-vous physiquement prêt à vous abandonner à l'acte : propre, épilé si cela vous importe, avec une boîte de préservatifs dans votre besace ?

❑ ❑ Vous sentez-vous clair et déterminé dans votre tête, ou pensez-vous encore que c'est un peu tôt pour vous ?

❑ ❑ Éprouvez-vous encore de la nostalgie à l'égard d'un ex, que vous espérez oublier après ce moment intense ?

❑ ❑ Avez-vous des attentes particulières, un scénario idéal ?

❑ ❑ Avez-vous prévu du temps pour ne pas partir dans la nuit comme un voleur ou au matin, stressé par le travail ?

Résultat

Ces questions n'ont rien d'anodin, dans la mesure où vous ne vous rendez pas à une soirée pyjama chez votre meilleur ami. Votre posture intérieure contribuera grandement à votre capacité à vous abandonner dans les bras de l'autre et au plaisir.

Si vous arrivez contrarié parce que vous avez oublié vos préservatifs ou que vous avez dû trouver une solution en urgence pour faire garder vos enfants, si votre évaluation annuelle, qui aura lieu la semaine prochaine vous obsède et vous prend la tête, c'est clair, vous dégagerez une tension peu propice à l'érotisme. Au final et au-delà des détails matériels, vous aurez à affronter la peur du regard de l'autre sur vous et votre intimité.

- Les hommes de moins de trente ans mus par la testostérone et leurs aînés déterminés à ne plus vouloir revivre les frustrations du passé passent par la sexualité pour investir la relation.

- Les femmes ont besoin de se connecter au cœur de l'homme avant d'accéder à leur sexualité. Certaines revendiquent une posture sexuelle affirmée, mais sont en fait des petites filles qui cherchent le regard de papa, ou la tendresse qu'elles n'ont pas reçue autrefois. La plupart, bien que plus cérébrales, adorent aussi le sexe.

Les uns comme les autres souhaitent s'épanouir dans ce domaine :

- Chez les jeunes gens, la qualité de la prestation est prépondérante. Lui doit réussir une performance qu'il se figure comparable à celles des acteurs des films X; elle aussi ! Voilà pourquoi elle démontre quelquefois des capacités, certes techniquement irréprochables, mais susceptibles de plonger son partenaire dans un état de panique. Certains, terrifiés par ces comportements pornographiques, s'enfuient. Les autres, hors les bêtes de sexe, se posent les questions suivantes : Mon sexe est-il assez gros et efficient ? Elle est « bonne », serai-je à la hauteur ? Elle est insatiable, pourrai-je suivre ? Elle doit avoir couché avec tellement d'hommes, vais-je assumer son côté libéré ? Or ce qui motive les demoiselles repose sur les mêmes peurs : Mon corps lui plaît-il ? Suis-je désirable ? Pourrai-je combler ses besoins ? Suis-je assez libérée pour le garder ? Peut-il m'aimer ?
- Chez les aînés, on se pose les mêmes questions et, de surcroît, on s'inquiète de la qualité de son érection. Ils craignent certes la défaillance liée à la peur ou à l'émotion, qui arrive à tout âge. Mais aussi, à partir de quarante-cinq, cinquante ans, ils redoutent les effets du préservatif et de l'âge sur la vaillance de leur organe. Ces peurs expliquent l'augmentation des chiffres de vente des petites pilules bleues qu'ils prennent pour maintenir leur érection.

Avec le temps, aux inquiétudes relatives à la performance s'ajoutent celles liées au schéma corporel que la chirurgie esthétique (seins trop durs et trop hauts pour les femmes, lèvres de canard, traits figés) et la cosmétique (hommes qui se teignent cheveux et barbe) ne saurait annihiler.

Derrière la peur de vieillir et la crainte de ne pas assurer se rejouent des situations ancestrales. Prenez donc un peu de distance ! Observez comment, à travers la sexualité, se répètent des jugements négatifs à l'égard de vous-même, comme si les voix du passé continuaient à vous hanter.

Si des membres de votre famille ou des instituteurs vous ont dévalorisé en disant « Tu n'y arriveras pas », « tu ne trouveras jamais de mari », « aucune femme ne voudra de toi », vous serez enclin à imaginer que votre partenaire portera sur vous les mêmes critiques et à vous demander « est-ce que je l'excite assez ? (les filles), « est-ce que je l'ai faite jouir ? » (les hommes), « est-ce que je lui plais, qu'il aura envie de continuer l'aventure avec moi ? » (les deux !)

Respirez, vous êtes adulte, vous êtes capable de dépasser ces conditionnements. Si l'autre disparaît par la suite, c'est qu'il n'était pas pour vous, ne le pleurez pas, vous en auriez sans doute bavé !

Néanmoins, l'alchimie des corps, des gestes, des regards, ne se commande pas. Elle se produit ou pas. Pourquoi tel amant vous plaît alors qu'il laissait de glace votre meilleure amie, qui vous l'a présenté ? Chaque relation intime possède ses particularités ; ce qui vous stimule chez l'un ne vous excitera pas chez l'autre et vice-versa.

Dans les faits, trois types de désirs coexistent :

- Le premier n'obéit à aucune loi, le fameux enfant de bohème. Votre partenaire vous inspire, voire vous rend fou et, consciemment, vous ne sauriez dire pourquoi. Cette attraction ne naît pas de critères particuliers mais d'un feeling qui vous érotise.

- Le second repose sur des critères indispensables à votre excitation. Pour Armand, ce sont les petites fesses des femmes qui s'habillent au maximum en trente-quatre. Maylis fond pour les yeux clairs et Olivia ne regarde que les hommes âgés de dix ans de moins qu'elle avec des tablettes de chocolat. Enfin, Jonas considère que l'intelligence aussi est une zone érogène. Ces derniers appartiennent somme toute à la norme. Chacun a le droit d'avoir ses goûts et ses dégoûts. D'ailleurs, il paraît que « ça ne se commande pas ».
- Le troisième, plus complexe, relève du fantasme, voire de la pathologie. Rémy regarde des films X et souhaite les visionner avec vous. Audrey a besoin de vous attacher pour s'exciter.

Soyez clair sur vos désirs et ne vous laissez pas embarquer où vous ne voulez pas aller.

Ce qui vous attire ne doit rien au hasard. Ce qui vous rebute non plus. De fait, le désir nait d'une construction interne ; elle repose sur l'image de la sexualité véhiculée dans votre famille, votre évolution et vos propres expériences, parfois précoces ou malheureuses.

Je fais l'amour comme j'ai été aimé

Derrière la magie, l'alchimie et les débuts romantiques, se rejoue bien autre chose : les comportements sexuels, et plus particulièrement les problématiques spécifiques, découlent des programmes de l'enfance. Vous avez construit une réponse par identification ou par opposition à la culture familiale autour de ce sujet.

J'entends souvent des femmes de tous âges se plaindre de ne pas jouir ou de ne pas avoir de désir. Elles ne s'autorisent pas l'accès au plaisir. Au-delà de l'interdiction et des loyautés à la mère, soit elles cachent leur frigidité qu'elles considèrent avec honte et elles simulent, soit elles mettent l'homme au défi de leur donner du plaisir.

Valérie, quarante-deux ans, est un exemple symptomatique. Elle passe sa vie dans les stages de tantra depuis une vingtaine d'années. Elle allume les hommes, apprend à respirer et à flirter... pour en définitive ne pas jouir avec son partenaire officiel !
Il suffirait qu'elle aille voir du côté de la sexualité de la lignée des femmes de sa famille pour découvrir une interdiction du plaisir sur plusieurs générations, au-delà de l'aspect judéo-chrétien. Peut-être aussi la mère de Valérie a-t-elle subi le devoir conjugal et est-elle restée pour ses enfants ? Par loyauté à sa mère qui a sacrifié son plaisir pour l'élever, elle ne peut donc pas jouir.

Du côté des mâles, et malgré la révolution sexuelle, les soucis sont de même nature qu'au siècle dernier : éjaculation précoce, érection fluctuante, impuissance, frustration avec des partenaires chiches en caresses, etc. Cela montre que pléthore d'informations (de nombreuses solutions sont sur le Net) et la fin de l'interdit (tout est possible de nos jours, presque tous les fantasmes sont autorisés) ne suffisent pas forcément à l'épanouissement de la sexualité. Les blocages sexuels, selon l'expérience du terrain, s'inscrivent systématiquement, par excès ou par défaut, d'une manière ou d'une autre, autour d'une loyauté.

Ce qui enchante l'un peut déranger l'autre et les capacités à supporter des attitudes véhémentes dépendent réellement des programmes de chacun. La compatibilité de vos conditionnements est à l'origine de nombreuses romances, mais d'autant de ruptures rapides !

Que l'autre change semble normal ; qu'il se transforme du tout au tout l'est moins. Ne considérez rien pour acquis, observez ce qui se passe, sans aucune complaisance.

Bien souvent, ce qui nous excite le plus résulte des blessures et des frustrations de notre enfance. Jack Morin[1], cité par Esther Perel, explique que « l'imagination érotique se montre ingénieuse en annulant, en transformant et en

1. Esther Perel, *L'Intelligence érotique*, Pocket, 2013.

réparant les traumatismes du passé. En d'autres termes, les expériences qui ont été les plus douloureuses pour nous deviennent parfois, plus tard, des sources de plaisir et d'excitation ».

Enfin, ce qui arrive lors d'une nuit d'amour se raconte difficilement. Pour autant, le rapport que vous entretenez avec votre corps et avec celui de l'autre parle de vous. Vous êtes-vous senti écouté et entendu ? Avez-vous trouvé de l'attention, du respect ? L'autre s'est-il montré disponible et présent pour vous ? Comment vous sentez-vous dans ses bras ? Confortable, rassuré, détendu ou, à l'inverse, inquiet, en train de tout analyser ou de faire des plans sur la comète ?

Normalement, vous avez pris le temps de mieux vous connaître tous les deux avant ce moment important. Vous avez déclaré vos valeurs (confiance, exclusivité ou le contraire) et vous avez même abordé la façon dont vous envisagiez la sexualité. Vous avez raconté que vous étiez du matin (« Zut je suis du soir, trouvons un compromis avec la fin de journée »), un peu paresseux au lit (« Ça tombe bien, je suis active et j'aime bien prendre les choses en main »), peu lubrique (« Ah super, moi c'est deux fois par semaine au grand maximum, mon ex me harcelait ! »), pas trop encline à la pénétration (« Cool, mon sexe ne répond pas toujours, alors ça m'arrange ! »), plutôt frénétique (« Trois fois par jour, j'adore ! »). Vous avez même ajouté que vous exécriez les hommes qui s'endorment après l'amour. Il vous a répondu qu'il abhorrait la cigarette. Tout va bien, vous ne fumez pas et il ne se couche jamais tôt.

Avec l'attente fébrile et le désir qui l'accompagne, généralement, le rapprochement des corps se passe bien et la découverte intime reste une expérience merveilleuse et délicate. Pour autant, plus l'âge avance, plus les personnalités s'affirment et certains comportements ravissent ou déçoivent. La sexualité constitue une part importante de la réussite d'un couple, alors autant vous entendre !

Si vous n'aviez pas vérifié ce type de détails ou si vous hésitez le lendemain matin, je vous invite à répondre aux deux questionnaires ci-dessous :

QUESTIONNAIRE

Synthèse de la première nuit pour les hommes

Oui Non

❑ ❑ Regarder son visage vous ravit-il ou souhaiteriez-vous qu'il soit sous l'oreiller parce que vous préférez son corps et inversement ?

❑ ❑ Lorsque vous la caressez, le grain de sa peau, sa texture vous conviennent-ils ? Vos mains glissent-elles naturellement ou accrochent-elles ?

❑ ❑ Sa poitrine, ses fesses, vous inspirent-elles ?

❑ ❑ Trouvez-vous qu'elle a quelque chose de joli en elle : son dos, ses jambes, sa nuque, autre ?

❑ ❑ Appréciez-vous la façon dont elle se meut dans le lit ? S'enroule-t-elle magnifiquement autour de vous ou reste-t-elle figée en attendant la fin de votre prestation ?

❑ ❑ Vous regarde-t-elle ou ferme-t-elle les yeux ? Et cela vous convient-il ?

❑ ❑ Parle-t-elle ? Si oui, aimez-vous ces mots ou les trouvez-vous (au choix) gnangnans ou excessifs ?

❑ ❑ Aimez-vous son odeur, dans le cou, sous les bras, entre les jambes ? Pouvez-vous la renifler comme un grand shoot ou éprouvez-vous quelques réticences ?

❑ ❑ Avez-vous réussi à la faire jouir ?

❑ ❑ À l'aune de cette première nuit, son rapport au plaisir vous convient-il ?

❑ ❑ Avez-vous eu envie de lui dire des mots doux que vous avez retenus parce que c'était trop tôt ?

❑ ❑ Avez-vous reçu votre dose de tendresse ?

❑ ❑ Avez-vous eu envie de lui parler et de la choyer après avoir joui ou vous êtes-vous endormi ?

❑ ❑ Avez-vous aimé votre nuit ? Êtes-vous impatient de vivre la prochaine ?

Résultat

Ce questionnaire, en apparence basique, a pour objectif de vous aider à clarifier votre pensée.

Si vous avez une majorité de oui, vous êtes déjà un peu amoureux.

Si vous avez autant de oui que de non, vous avez plutôt passé un bon moment mais vous n'êtes pas totalement satisfait.

Et si les non dominent, au moins vous savez pourquoi, et vous pouvez mettre des mots dessus.

QUESTIONNAIRE

Synthèse de la première nuit pour les femmes

Oui Non

❑ ❑ Validez-vous totalement son physique ou avez-vous découvert des parties de son corps qui ne passent pas ?

❑ ❑ Le grain de sa peau vous convient-il ou a-t-il une peau de crocodile ?

❑ ❑ Vous êtes-vous sentie comprise en tant que femme ?

❑ ❑ Étiez-vous sensuellement compatibles ?

❑ ❑ Vous regarde-t-il ou ferme-t-il les yeux ? Et cela vous convient-il ?

❑ ❑ Vous a-t-il parlé comme vous aimez ou l'avez-vous trouvé ridicule, voire obscène ?

❑ ❑ Aimez-vous son parfum, son odeur en général ? Vous grise-t-elle ou éprouvez-vous quelques réticences ?

❑ ❑ Avez-vous réussi à jouir ?

❑ ❑ A-t-il joui ? Si oui, la façon dont il l'a fait, son rapport au plaisir vous conviennent-ils ?

❑ ❑ Avez-vous eu l'impression de faire l'amour avec un acteur porno, le dernier amant romantique ou un homme sensuel avec lequel vous étiez en phase ?

❑ ❑ Avez-vous eu envie de lui dire des mots doux que vous avez retenus parce que c'était trop tôt ?

❑ ❑ Est-il tendre et attentionné ?

❑ ❑ Vous a-t-il parlé et choyé après avoir joui ou s'est-il endormi ?

❑ ❑ Avez-vous aimé votre nuit ? Êtes-vous impatiente de vivre la prochaine ?

Résultat

Ce questionnaire, en apparence basique, a pour objectif de vous aider à clarifier votre pensée.

Si vous avez une majorité de oui, vous êtes déjà un peu amoureuse.

Si vous avez autant de oui que de non, vous avez plutôt passé un bon moment mais vous n'êtes pas totalement satisfaite.

Et si les non dominent, au moins vous savez pourquoi, et vous pouvez mettre des mots dessus.

Avant même de répondre à ces questions, vous êtes sortie de ses bras, déjà un peu amoureuse ou définitivement ailleurs. Mais au fond de vous, avouez-le, vous savez parfaitement ce dont vous avez envie et si vous continuerez l'aventure ensemble, n'est-ce pas ? En fait, votre décision est déjà prise !

Toutefois, au cas où son érection ne vous aurait pas convenu mais que le personnage vous a ravie, ne l'oubliez pas, les enjeux pour lui étaient importants lors de cette première rencontre dans l'intimité. Alors offrez-lui d'autres opportunités pour qu'il puisse vous montrer ce dont il est capable.

Si, globalement, vous vous quittez satisfaits l'un de l'autre avec l'envie de vous revoir, s'il envoie un texto, un mail, passe un coup de fil dans la soirée et si elle répond sur le même ton, gageons que vous êtes tous deux partis pour approfondir cette relation naissante. Toutefois, malgré des départs sous les meilleurs auspices du monde, vous ne pourrez faire l'économie de l'attente et de l'angoisse qu'elle génère.

Si vous ressentez déjà cette angoisse, que vous ayez couché ou pas, vous êtes naturellement concerné par ce qui va suivre.

› La gestion des premiers temps

Je gère mon angoisse (et j'y arrive !)

À respecter l'équilibre dans les échanges, réciprocité oblige, il arrive que l'autre tarde à se manifester. Dès lors, un monceau d'anxiété envahit votre tête, bref, vous voilà submergé ! L'histoire commence à sentir le roussi, tout se mélange : la sensation d'abandon, la privation, un désir inassouvi qui vous submerge. Vous ressentez un manque et vous ne sauriez dire comment il se met en place. Pourtant, il suffit d'écouter chaque signe. Dans l'enthousiasme des débuts, vous avez tendance à faire l'autruche parce que vous avez trop envie d'y croire.

Combien de fois n'ai-je pas reçu des demandes de consultation en urgence pour traverser ce moment délicat qui, dans un premier temps, n'est pas sans rappeler la dépendance affective. Pourtant, il existe une différence fondamentale entre des égarements somme toute humains et une addiction pathologique à la réaction de l'autre. À ce stade de la relation, vous ne pouvez pas encore parler de dépendance, juste des atermoiements normaux inhérents à l'installation de l'histoire en cours.

Homme ou femme, je vous rappelle la règle : si vous avez envoyé le dernier signal, vous ne pouvez en émettre un second tant que votre contact ne s'est pas manifesté. À défaut, vous vous positionnez en tant que celui qui rampe et vous faites passer le message que vous êtes à sa disposition. Et si l'autre met une demi-journée à répondre, suivez son rythme. J'entends déjà des voix rebelles clamer : « Et alors, si moi j'ai envie de le voir ? On se moque des règles ! » Demandez-vous si, lors de vos précédentes relations, la posture de soumission vous a été bénéfique ou si, au bout du compte, vous avez renoncé à vous pour satisfaire les désirs de votre chéri ?

Rassurez-vous, tôt ou tard, il finira par sortir du bois pour de nombreuses raisons. Ne cherchez pas à comprendre, elles sont toujours les mêmes : il a mieux à faire ailleurs et vous représentez une moindre priorité. Il sait être présent et disponible quand il le veut. Les ingrédients de la sauce à laquelle vous allez être savouré (ou avalé tout cru) sont identifiables dès les premiers instants. Ils vont se révéler avec le rapprochement des corps et le temps passé ensemble.

Par exemple, si pendant le *chat* les réponses étaient laborieuses, s'il vous disait d'appeler mais ne répondait pas, s'il mettait plusieurs jours avant de réagir, vous bafouillait alors quelques plates excuses pour se montrer toujours aussi peu généreux de lui-même et de ses mots (situation tellement fréquente sur les sites et les applications), nul doute que vous n'êtes pas sa favorite. Parfois, les habitués nourrissent bien leurs proies de façon à ce qu'elles se croient en première ligne. Cette affirmation est de moins en moins vraie. Dans une société aussi rapide, la plupart ne prennent même plus le temps de s'embarrasser.

À force d'entretenir un harem de soupirants transis et dépourvu du don d'ubiquité, votre contact en vient à traiter d'abord les urgences. Vous verrez, quand vous aussi serez en train de répondre à trois nouveaux postulants, donner enfin rendez-vous à celui de la semaine dernière avec lequel vous avez longuement chatté, vous considérerez peut-être que le plus acquis ne mérite pas qu'on y consacre du temps ! Ah, ainsi vous seriez acquis ? Qu'à cela ne tienne, l'autre va voir de quel bois vous vous chauffez ! Et vous décidez de disparaître, suivant ainsi la vieille affirmation de Napoléon Bonaparte : « En amour, la seule victoire, c'est la fuite ! » Sauf que, pour disparaître, encore faudrait-il que l'autre s'en rende compte. Et comme lui-même s'est évaporé depuis trop longtemps à votre goût, la seule activité sensée que vous puissiez faire consiste à ne plus vous focaliser sur lui et à recharger vos batteries à travers de nouvelles rencontres !

Il vous avait bien été recommandé d'éviter de déposer tous vos œufs dans le même panier, alors qu'avez-vous en stock ? Rien ? Ah, malheureux, avant que du poisson frétillant ne mordre à votre hameçon, vous avez le temps de dépérir vingt fois ! Lancez de nouveaux filets, *likez*, *charmez*, envoyez des mails à tour de bras. En attendant la nouvelle marée, qu'est-ce qui vous empêche de sortir vous changer les idées ?

Quid de participer à une soirée rock ou salsa, vous savez, ces cours donnés dans les cafés ou les salles de danse pour dix euros ? Après, ne manquez pas de vous entraîner avec les autres élèves. Si la danse ne vous inspire pas, cherchez un cocktail *meet up*. Ces sorties sont organisées pour les expatriés du monde entier et les Français qui aiment se rencontrer autour d'une activité. Elles se déroulent généralement en anglais, mais il existe des sorties en langue française. Trouvez aussi une conférence, un atelier, car ce qui importe, c'est de vous mettre en action pour cesser de ruminer.

Vous l'avez compris, l'action vous aide à vous canaliser, à adoucir vos états d'âme et à ne pas vous complaire dans la posture du perdant qui ne réussit même pas son casting. Pour autant, la vraie question reste d'actualité : pourquoi la « non-manifestation » de votre contact vous plonge-t-elle dans de telles affres ?

Une fois de plus, vous voilà dans l'attente d'un jugement : êtes-vous assez bien pour mériter d'être recontacté ? Dépendre de la réponse du juge vous rend fou. Ce *no man's land* de silence et de solitude vous renvoie dans le passé quand, enfant, vous espériez obtenir tel jouet, l'autorisation de vous rendre chez un camarade de classe ou d'aller en vacances chez votre marraine. Si le verdict avait souvent été positif, vous ne seriez pas dans un tel état. Probablement, à l'époque, rien de ce que vous faisiez n'allait jamais et souvent, vos demandes de gamin n'obtenaient pas la réponse souhaitée.

Derrière ce texto qui n'arrive pas se rejoue tout un monde secret. Comprendre qu'il continue à vibrer en vous, à l'âge adulte, devrait vous permettre de relativiser et de dédramatiser. À consulter fébrilement votre smartphone, vous donnez à l'autre tout pouvoir sur vous. Réalisez-vous qu'il devient responsable de la pluie et du beau temps dans votre vie ? Tout cela parce que vous n'avez pas totalement fait le deuil du besoin de reconnaissance de vos parents ! Si tel était le cas, vous ne laisseriez pas un péquin lambda « régimenter » votre quotidien, si ?

Alors, maintenant que vous avez compris, intégrez-le définitivement : quelles que soient les raisons pour lesquelles votre contact ne réagit pas assez vite, elles lui appartiennent. S'il faut jouer à ces jeux stupides pour trouver l'âme sœur, vous le ferez... mais pas au prix de votre intégrité ! Vous vous respectez et vous ne désirez plus que l'autre, par un simple message, occupe tout l'espace. Désormais, vous lui laissez une seconde chance certes, mais si au bout de quelques échanges vous avez l'impression de tourner en rond, passez votre chemin et focalisez-vous sur les personnes que vous motivez.

› J'observe l'autre

L'autre n'a pas la petite étincelle (mais moi oui !)

Vous entendez souvent cette phrase si violente : « Je suis désolé, mais il me manque la petite étincelle » ou « Je ne suis pas amoureux ». Malheureusement, ceux qui découvrent finalement après quelques semaines que « ça ne va pas le faire » pullulent. C'est toujours douloureux d'investir émotionnellement et physiquement une relation, pour se faire remercier après la période d'essai car on ne correspond pas au poste ! Au-delà de ce qui se réveille en vous, en termes de rejet, de rage et de déception, dites-vous que vous êtes, dans cet échec, à cent pour cent responsable des cinquante pour cent qui vous incombent. Oui, la rencontre amoureuse est devenue de plus en plus compliquée, particulièrement quand vous n'avez pas été programmé pour la réussir.

Oui, l'univers du *dating* est impitoyable, on vous l'avait dit ! Il est fréquenté par toutes sortes de *players* désabusés, qui se lassent rapidement de leurs jouets et profitent du système pour en changer souvent. Si vous avez l'impression que vous êtes en permanence insatisfait dans cette relation, c'est sans doute que l'autre se retient et n'est pas disponible pour vous. Toutefois, vous n'êtes pas obligé de vous infliger un tel supplice. Rappelez-vous, plein d'âmes sœurs potentielles n'attendent que vous, pour le meilleur.

Vous ne voulez plus revivre cette situation ? Alors guettez encore mieux les signes annonciateurs qui suivent ! Ils vous permettront de ne pas partir bille en tête, persuadé qu'un long chemin vous attend avec cette personne.

L'autre est-il cohérent ?

Dit-il ce qu'il fait, fait-il ce qu'il dit ? Est-il clair ou sombre ? À relire vos échanges, est-il constant et consistant ? Le manque de consistance et de générosité dans l'échange correspondent, plus que de l'indifférence, à du « j'menfoutisme ».

Fait-il preuve de la même tendresse à votre égard lorsque vous êtes dans la rue, en société ou dans le lit si vous avez déjà fondu ? Parfois, il existe une cohérence entre les trois domaines, d'autres fois, il peut être très tendre, par exemple, très bon amant et se montrer distant autour d'un verre ou d'un repas. C'est d'ailleurs grâce à ses talents pour créer un lien physique qu'il vous tient.

L'autre parle-t-il avec son cœur ?

Si vous mettez du cœur dans la rencontre et ne voulez pas être le seul, vous devez être capables de faire la différence entre l'énergie sexuelle et l'énergie du cœur, et d'identifier d'où vient le mouvement de l'autre vers vous. Comment savoir de quel côté penche votre contact ? Il suffit de réfréner ses ardeurs sexuelles : vous n'êtes pas un être facile ! Celui qui met son cœur dans la balance comprendra votre posture et cessera immédiatement de vous importuner au-delà de vos limites. L'autre, le vil, celui qui veut vous croquer tout cru, susurrera à votre oreille les mots que vous avez envie d'entendre, mais son corps cherchera à se satisfaire à travers le vôtre. Au mieux, il fera mine de vous suivre, mais récidivera dans la minute.

Les messieurs sont particulièrement fragiles, dans la mesure où ils ont un peu plus de mal à repousser une lionne prête à les séduire jusqu'au bout de la nuit. Mais, justement, si cela vous arrivait, la trouveriez-vous excessive ou fonceriez-vous ?

› Je m'adapte

Que faire quand le doute vous donne envie de renoncer ?

Il arrive que d'un coup, tout parte à vau-l'eau. Les contacts les plus intéressants s'inscrivent désormais aux abonnés absents et à l'ouest, vous ne voyez rien venir. Une pluie de tristesse s'abat sur vous.

Au fond, pourquoi avez mis tout « ça » en place ? Le dépit et le dégoût vous submergent au point de vous demander : « Vais-je trouver quelqu'un ? » Vous avez envie de quitter définitivement sites et applications, de cocooner, et c'est normal !

De deux choses l'une :

- soit vous manquez de clarté quant à votre recherche et vous ne savez pas si vous voulez vraiment « quelqu'un », vous n'avez pas tout à fait renoncé à votre ex ou vous avez en réalité d'autres priorités (achat de maison, enfants, changement de boulot) ;

- soit vous n'avez pas respecté les règles du jeu et vous vous êtes trouvé embarqué dans des rencontres décevantes. Justement, si vous vous sentez désabusé et que vous vous êtes laissé déborder, peut-être avez-vous trop investi et un peu trop attendu ? Qu'attendez-vous pour retrouver de l'énergie à travers la vie équilibrée que vous menez par ailleurs ?

Peut-être, à ce stade, avez-vous besoin de vous mettre en mode pause pour un court moment ? Quelques jours « au vert » vous feront le plus grand bien et vous aideront à vous recentrer sur vous, vos passions, votre job si vous avez eu tendance à prendre du retard, vos amis si vous les avez un peu négligés, vos enfants si vous en avez. Il s'agit de revenir en vous, à l'intérieur, afin de mieux rebondir par la suite.

Et si je me reprenais en main ?

Pour vous refaire une santé, je vous suggère de vous mettre au sport (ou pratiquer davantage), de sortir avec des amis de longue date, organisez une soirée *cheese and wine* avec eux. Bref ressourcez-vous dans un monde moins impitoyable et oubliez pour un temps toutes ces stratégies, les pièges à éviter, les potentiels abus à anticiper.

Souvenez-vous, la seule personne qui ne vous décevra jamais, qui pourra vous regarder avec bienveillance jusqu'à votre dernier souffle, compenser le regard défaillant de vos parents, c'est vous ! Peut-être avez-vous été instrumentalisé à maintes reprises ; l'autre en face de vous avait sans doute besoin de calmer ses angoisses, et vous êtes passé par là. Il ne souhaitait rien de plus que d'anesthésier le vide ontologique qui le submergeait à ce moment précis. Mais vous qui venez de réaliser que vous étiez riche par vous-même, vous vous sentez tout à coup envahi d'une immense gratitude envers les vibrations de la vie.

J'utilise mes ressources

Vos ressources constituent tout ce qui vous a déjà réussi par le passé pour sortir d'une mauvaise passe. Généralement, pour remonter du fond de la piscine, qu'est-ce qui vous aide ? Eh bien les choses les plus simples !

EXERCICE

1. Prenez une feuille A4, divisez-la en deux et écrivez tout ce qui vous fait du bien sur la colonne de gauche.

→ **Marie** a inscrit :

- Un bon bain chaud avec des huiles essentielles
- Un cours de yoga
- Tricoter, faire un canevas, recoudre les boutons
- Peindre, dessiner, sculpter
- Une séance de méditation
- Un film romantique
- Un bon roman (polar, love) ou un guide de développement personnel
- Une tablette de chocolat noir
- Boire quelques mojitos avec des proches
- Téléphoner à une copine et glousser
- Appeler mon ex
- Composer une chanson à la guitare
- Partir au soleil

→ **Pierre** a inscrit :

- Une bonne bouffe avec des potes
- Une bonne bouteille et zapper devant la télé
- Un dvd d'action ou de guerre
- Un cours d'arts martiaux
- Cuisiner
- Repasser mes chemises
- Appeler Maman ou ma sœur
- Faire des pompes sur mon tapis
- Jouer de mon instrument de musique

- Camper un week-end
- Faire de la varappe

2. Dans la colonne droite, choisissez 3 actions réalisables dans les 10 jours, dont au moins 1 à court terme. Une fois les 3 actions sélectionnées et écrites sur la colonne droite :

→ Bougez-vous pour réaliser le ou les projets les plus complexes. Puis mettez immédiatement en pratique le projet.
→ Gardez votre liste en évidence. Ainsi, lors de la prochaine période de spleen, vous aurez un programme structuré, prêt à appliquer si l'ombre du découragement s'abattait de nouveau sur vous.
→ Dans tous les cas, plutôt que de vous shooter aux antidépresseurs, agissez encore et toujours ! Voyez si les suggestions suivantes vous conviennent.
→ Pour commencer, faites le ménage chez vous. Nettoyer sa maison revient à alléger sa tête. Si vous payez une personne pour cette fonction, effectuez des actions que vous seul saurez mettre en pratique. Du nettoyage de l'intérieur des placards ou du frigo au tri des vêtements que vous ne portez plus depuis deux ans, en passant par l'administratif, les opportunités de vous délester abondent.
→ Ensuite, reprenez votre programme des dix jours et décidez d'activités qui correspondent à votre humeur du moment.
→ Retournez voir votre psy ou votre coach si vous avez besoin de sortir de la complaisance.
→ Enfin, consultez votre « carnet de route » (les exercices de ce livre), relisez vos conclusions et analysez vos priorités et vos besoins.

Que faire si j'ai saboté la rencontre ou la relation ?

Parmi les petits sabotages gentillets, le plus fréquent consiste à arriver la bouche en cœur, un peu trop négligé et de tomber sur une bombe, une gravure de mode ou un *sex symbol*. Du coup, vous ne vous sentez pas à la hauteur et vous passez votre temps à vous reprocher de ne pas avoir suivi des conseils qui vous semblaient uniquement valables pour les autres. On vous l'avait pourtant dit, de vous préparer au cas où. Parfois, vous arrivez cool, bien dans votre peau, mais vous êtes préoccupé par un problème que vous n'avez pas laissé chez vous. Vous n'êtes pas disponible et vous perdez de vue la séduction. Vous échangez comme avec un ami de la classe de seconde que vous auriez retrouvé. En synthèse, il ne se passe rien de l'ordre de l'émotion : on ne désire pas ses vieux « potes » !

> **Nil, vingt-six ans**, découvre Pierre à la table qu'il a réservé pour eux dans un restaurant libanais qu'elle adore. Elle craque littéralement pour lui et se dit que les dieux, enfin, lui ont souri. Dans la série « Je n'ai pas posé les bonnes questions », elle lui demande ce qu'il fait les week-ends, et il répond : « Avec ma copine, on prend les vélos et on part sur les chemins de randonnée. » Nil, poser les bonnes questions sur le *chat* évite bien des surprises !

Le pire sabotage intervient quand vous considérez l'autre comme votre thérapeute. Vous vous répandez auprès d'une oreille bienveillante et là aussi, vous ne permettez pas à l'enchantement de s'installer entre vous. De nombreuses femmes ne comprennent pas que les prises de tête n'ont rien de sexy.

> **Béatrice, quarante-trois ans**, prend un verre avec **Michel, quarante-huit ans**, et craque sur lui. Elle lui plaît physiquement. Seulement au lieu de le séduire tout simplement, elle l'inonde de ses questionnements à propos de son environnement personnel et professionnel. Il ne la trouve pas apaisée dans son esprit et dans sa vie. Après le tsunami qui lui est tombé dessus quand il a découvert, par hasard, l'infidélité de sa femme, il a besoin d'être rassuré sur la constance de sa prochaine compagne.

La première erreur de Béatrice a été de ne pas réaliser qu'elle plombait la relation. Nous avons tous des questionnements et des préoccupations mais sur les applications, il suffit de ne pas être en phase avec l'autre sur l'instant pour qu'il appuie sur la touche « effacer ». De surcroît, alors qu'il n'avait rien tenté, rien proposé, elle l'a relancé au bout d'une semaine. Elle lui a proposé un dîner qu'il a décliné. Sa seconde erreur a été d'insister. S'il avait été séduit, il l'aurait exprimé. Certes, elle n'a rien perdu à revenir à la charge, mais la messe était dite.

Le stress, souvent négligé, génère de nombreux sabotages :

> **Alix, trente-huit ans**, chatte avec **Stéphane, quarante-quatre ans**, plutôt beau gosse sur les photos. C'est tout juste s'il ne rampe pas pour qu'elle l'appelle. Elle traîne un peu parce ce qu'elle travaille beaucoup et le contacte avec trente minutes de retard sur l'horaire qu'elle avait donné. Vexé ou furieux, il joue les psychanalystes sauvages, entre dans un rapport de forces et lui annonce en définitive qu'il ne veut plus la rencontrer.
> Il aurait suffi qu'elle lui propose un rendez-vous téléphonique à une heure à laquelle ils étaient disponibles tous les deux. Elle se serait alanguie dans son fauteuil masseur, un drink à la main, et elle aurait gloussé avec sa voix des profondeurs, une voix basse de séductrice. Cela ne garantissait pas forcément un *date* avec l'homme de sa vie mais, du moins, elle donnait une chance à ce contact.

Enfin, si vous avez été agréablement surpris, si vous ne vous attendiez pas à être troublé, alors vous avez peut-être trop parlé ou pas assez, perdu vos moyens, déblatéré ou encensé votre ex, bref vous avez dit des bêtises, tout du moins ce qu'il ne fallait pas.

> **Cécile, quarante ans**, rencontre **Antoine, quarante-cinq ans**, dans la foulée d'une discussion téléphonique, après un court *chat* sur l'appli. Ils se plaisent, ils flirtent, mais lui prépare des examens importants. Peu disponible (elle a été prévenue), elle sait que les deux prochains mois seront un peu difficiles, mais il lui plaît tellement, elle attendra !
> Un soir, il l'appelle pour badiner et, sur le ton de la plaisanterie, lui demande : « Alors, tu as eu de nombreux soupirants depuis qu'on s'est vus ? » Cécile, au lieu de botter en touche, se pavane et rétorque : « Ben, plein, bien sûr ! » puis elle s'invente une cour

de prétendants, tous plus parfaits les uns que les autres. Antoine se cabre, se crispe et raccroche assez rapidement en grommelant : « Tu n'as qu'à rester avec eux, tu n'as pas besoin de moi. » Elle lui a envoyé un mail dans la foulée, pour rattraper le coup, rien n'y a fait ! Elle avait produit un effet désastreux !

Comment faire une fois l'irréparable commis ? La réponse est simple : RIEN ! Pleurer toutes vos larmes, vous en mordre les doigts et vous dire que vous ne laisserez pas passer une seconde chance !

Mais si vous vous demandez comment éviter l'irréparable, il existe une solution. Lorsque vous voyez que vous commencez à perdre vos moyens, à être troublé, il est essentiel de vous reconnecter aux moments d'approches auxquels vous vous êtes exercés au début de votre préparation. Rappelez-vous, lorsque vous parliez à Monsieur et Madame tout le monde, pour rien. Regardez votre contact comme s'il s'agissait d'un exercice, respirez. Ne parlez pas trop vite et écoutez ce qu'il dit. La clé, c'est la respiration. Ouvrez votre cage thoracique, ancrez vos pieds dans le sol. Une fois la situation dédramatisée, échangez, souriez et respirez encore...

Au-delà des rencontres qui ne fonctionnent pas à la suite de mensonges éhontés, du manque de *feeling* ou d'objectifs de vie totalement différents, souvent l'échec dépend de vous : vous ne prenez pas le temps de bien faire les choses et vous sabotez votre contact.

Vous touchez là le paradoxe des applications : il s'agit à la fois d'aller vite et de prendre son temps :

- Qu'est-ce que vous ne referez pas ?
- À partir de vos expériences décevantes ou qui vous laissent un goût amer dans la bouche, écrivez votre propre cahier des charges :
- Qu'est-ce qui vous réussit ?
- Qu'est-ce qui vous met en difficulté ?

EN RÉSUMÉ

Après toutes ces expériences, tour à tour heureuses, glauques, abusives, dénuées d'intérêt, bref diverses et variées, vous êtes capable de conter par le menu détail la liste de tout ce qui manquait ou n'allait pas déjà physiquement chez l'autre : un regard chafouin, un embonpoint pas prévu, une aura sombre, trop ceci, pas assez cela... Vous évoquez aussi les personnalités : rigides, arrogantes, timides... Les centres d'intérêt trop semblables ou le contraire... La liste n'est pas exhaustive !

Mais, au final, quand la « bonne personne » débarque en face de vous, rien de tout cela n'a d'importance.

Je reconnais la « bonne personne »

Tous ces rendez-vous vous ont préparé à réaliser l'essentiel : quand vous vous retrouvez devant une âme sœur potentielle, l'évidence s'impose ! Mais attention, elle peut s'imposer plusieurs fois de suite. En effet, la Vie, le grand Fatum, les énergies du monde, quelle que soit la façon dont vous nommez le destin ont, comme dans les mythes et les contes, un projet pour vous : ces rencontres représentent autant d'occasions de vous tester, en d'autres termes de vous mettre à l'épreuve : « Ah, tu te prétends prêt et motivé, tu as écrit sur une feuille qui tu voulais rencontrer, eh bien on va voir si tu es vraiment capable de discernement. » Les premiers contacts qui vous sont « envoyés » ne sont probablement pas ceux qui vous conviennent.

› La « bonne » personne est dissimulée

Elle est là, au milieu de votre casting, à vous de prendre le temps nécessaire pour l'identifier et ne pas vous tromper. Au bout de quelques semaines, normalement, vous avez affiné votre méthode et vous sélectionnez seulement les profils avec lesquels vous pourriez envisager une suite. Généralement, si vous êtes assidu, plusieurs retiennent votre attention. Pour ne pas plonger dans les premiers bras audacieux qui passent, respectez les consignes suivantes.

- Le premier critère lors de chaque rencontre est de vous demander si vous vous projetez dans l'avenir avec l'autre.
- Le second consiste à vérifier s'il est aussi intéressé et motivé que vous par la relation.
- Enfin, si les deux précédents sont réunis, interrogez votre corps : vous sentez-vous vivant : les émotions sont-elles là, avez-vous des frissons, des désirs, le cœur qui s'ouvre ?

› J'accepte de me laisser surprendre

Quand une relation fluide et évidente se noue :

- les hommes accèdent facilement à la spontanéité, à la magie de la rencontre, sans être pour autant des manipulateurs lubriques ;
- les femmes pourraient apprendre à ne pas toujours tout vouloir contrôler. Tant que vous vous respectez et ne vous sentez pas obligée d'aller là où vous n'en éprouvez pas le désir, que risquez-vous ?

> Pour une fois, **Sarah, trente ans**, était sortie de sa zone de confort. Elle chattait depuis le matin avec un trentenaire qui lui plaisait bien. Quand il lui a proposé un verre, en fin de journée, à cinq minutes de l'entreprise dans laquelle elle travaille, elle a accepté : elle n'avait rien de prévu. Ils se sont bien entendus immédiatement et ont démarré une conversation ininterrompue… depuis presque trois ans !

D'une manière générale, si l'étincelle est là, donnez-vous le temps de connaître l'autre après ce premier rendez-vous.

› Comment s'exprime l'évidence ?

Je te vois

Au premier regard, vous le validez. Une sensation de satisfaction vous submerge, suivie d'un soulagement. Vite, vous traquez les moindres détails, vous cherchez le loup.

Les femmes regardent l'éventuelle calvitie, les dents, les mains, les détails du vêtement, les chaussures. Les hommes tentent de voir la taille, les fesses, les jambes, l'allure.

L'émotion et la timidité s'abattent sur cet ersatz de couple. Soudain, les deux doutent : il me plaît, vais-je plaire à mon tour ? Ces délicieux moments, ces hésitations fragiles montrent que quelque chose se passe.

Parfois, l'un d'eux trébuche, ne trouve pas sa chaise, fait tomber son stylo, c'est bon signe. Interprétez toutes les maladresses, tant dans l'expression que dans les comportements, comme autant de signes d'intérêt et de trouble.

Je te parle

Avons-nous des choses à nous dire, se demandent les tourtereaux. Ils vont donc parler, parler, parler, parfois tard dans la nuit… Là encore, ils partagent leurs parcours, leurs envies, leurs projets pour les années à venir (sont-ils les mêmes ?), les rencontres passées, les ex qui ont compté (c'est vraiment fini ?). Ils évoquent leurs valeurs, leur conception de la fidélité, de la parole donnée, du rythme de rencontres qui leur convient. Ils se livrent quelques secrets, parlent de leur activité sportive préférée, de leur film culte. Les plus âgés se montrent clairs : « Je ne veux plus me marier, pas de vie commune. » Les plus jeunes sont timides et pudiques. Ces échanges, indispensables, constituent le creuset, le mythe fondateur de leur alliance.

Je te sens/je te touche

Lorsque l'évidence est là, le désir d'intimité avec l'autre augmente de minute en minute. Paradoxalement, la possibilité d'une vraie histoire effarouche les protagonistes. Ils ne veulent pas se précipiter, gâcher l'instant par des maladresses ou en allant trop vite. Mais quand ce moment arrive, les sens en éveil se déchaînent. La tendresse, réelle, qui se manifeste, donne le ton de ce que sera la nuit.

› Je sécurise la relation

L'évidence consiste aussi à se donner des points de repère, à se rassurer, à vous dire ce que vous voulez partager, quand vous allez vous revoir et à quelle fréquence. Comment vous voyez l'avenir ensemble, par rapport à vos amis, vos enfants, votre famille ? Vous entrez dans la période la plus importante.

PASSEZ À L'ACTION

Clarifiez les points clés que vous avez notés lors de la Partie 1 « Je me prépare à rencontrer l'amour » :

→ votre disponibilité (déplacements professionnels, karaté, danse), leur fréquence, leur durée,

→ vos contraintes (transports en communs, garde des enfants, parents),

→ les passions que vous avez envie de partager,

→ pensez-vous présenter votre partenaire à votre cercle relationnel et vice-versa ?

› Je m'investis… et après ?

Vous le savez, après la lune de miel arrivera l'heure des ajustements. Une fois les phéromones des débuts envolés, vous découvrirez enfin l'autre, ses défauts, ses limites avec, en toile de fond, son passé, ses blessures et sa sensibilité. Autrement dit, ses traits de caractère, ses modes de fonctionnement que vous aviez zappés, vous apparaissent clairement.

Pourquoi vous compliquer la vie alors que vous pouvez fréquenter une personne qui, comme vous l'avez fait, a nettoyé devant sa porte ? Avez-vous envie d'accompagner l'autre sur le long chemin que vous avez déjà parcouru ? Pensez-vous que quelqu'un en transition de lieu de vie, de job, en pleine séparation ou en procès, est réellement disponible pour construire avec vous ? Êtes-vous prêt à vous contenter de grandes phrases et à composer avec une réalité bien plus sombre ?

Entrer dans une telle relation signifierait qu'une partie de vous y trouve encore son compte et n'a pas tout à fait renoncé à cette érotisation qui consiste à devoir batailler pour se sentir vivant.

À vous de décider si les qualités de l'autre méritent que vous supportiez ses ombres. Vous pouvez évoluer ensemble, mais évitez de devenir son thérapeute.

› Se rencontrer en miroir et évoluer ensemble…

La rencontre en miroir fait partie des concepts fondamentaux à intégrer pour réussir une relation. Le principe est simple : vous êtes attiré par des personnes rencontrant des difficultés du même ordre que celles auxquelles vous êtes confrontées. Par exemple si vous cachez quelques ombres dans vos placards (peu importe leur nature, qu'il s'agisse d'ex, d'addictions ou de phobies), ne soyez pas étonné si la vie vous présente des personnes tout aussi dissimulatrices.

En revanche, si vous êtes dans une phase de « transition positive », il est probable que vous croiserez un partenaire qui émet sur la même fréquence que vous.

> **Sophie, quarante ans**, trois enfants de dix-huit, seize et douze ans, n'en veut plus d'autres. Elle a déjà vécu quatre longues tranches de vie avec des hommes différents. Depuis sa dernière séparation, elle cumule les histoires de quelques mois. Elle se laisse choisir, consciente des défauts, mais espère que ses partenaires s'amélioreront. Puis, se rendant compte de l'absence d'évolution positive, elle met fin à la relation.
>
> Un matin, elle décide de changer et de chercher sans relâche un chéri qu'elle apprécie totalement dès le départ. Après un long casting, elle craque pour Stéphane. Lui a été (mal) marié quinze ans. Non seulement, il ne veut plus d'enfant, mais il est aussi déterminé à ne pas revivre le même enfer. Il a donc décidé de dire tout ce qui ne va pas dès le début, pour ne plus ruminer et, dans la foulée, se venger sournoisement d'une manière ou d'une autre.

Ils sont différents, tant dans leur parcours que dans leur personnalité. Malgré cela, ils se sont rencontrés en miroir, autour du même projet : construire sur des bases saines. Parfois les deux appuient sur le bouton qui fait (mal) réagir l'autre. Dans leur cas, la façon dont ils se sont construits par rapport à leur manque rend leurs névroses compatibles. Elle ressemble aux modèles féminins de la famille de Stéphane, sans leurs défauts. Il lui rappelle sa mère, mais une mère qui serait bienveillante. Par conséquent, ce qui aurait dû les dresser l'un contre l'autre ne les active pas dans la mesure où chacun neutralise le bouton activateur par sa qualité positive. Dans les faits, forts de ce projet commun, dix-huit ans après, ils sont toujours ensemble et se sont mariés pour le meilleur.

Souvent, après un passé tumultueux, deux personnes se mettent ensemble pour guérir de la relation précédente. Mais celui qui guérit plus vite a tendance à quitter le navire, à tourner la page et à rechercher un partenaire moins atteint. Voilà pourquoi un projet commun entre deux êtres qui en sont au même point scellera leur union, à condition qu'il soit sous tendu par le désir d'évoluer à deux, pas seulement d'aider l'autre à grandir, mais aussi de se faire aider par lui.

EN RÉSUMÉ

Ces notions d'évidence, de fluidité et de justesse devraient vous renseigner quant à votre choix. Pour autant, gardez vigilance et recul de façon à ne pas faire l'impasse sur les signes annonciateurs de problèmes.

Conclusion

Au fil de ce livre, vous avez réalisé à quel point vous cherchiez, à travers vos partenaires, la reconnaissance de vos parents. En prenant soin de vous, vous avez mis de la distance avec les personnes toxiques de votre entourage et vous avez renforcé le lien entre l'adulte que vous êtes devenu et l'enfant que vous avez eté. Enfin, vous avez visualisé le type de relation que vous aviez envie de vivre. De fait, maintenant que vous êtes ancré, bien à votre juste place, respectueux de vous-même, vous attirez et fréquentez des personnes qui vous ressemblent.

Ce chemin parcouru, ces étapes franchies, font de vous une nouvelle personne. Vous vous sentez probablement plus clair, plus sûr de vous, plus déterminé. Vous avez également maintenant tous les outils en main pour vous orienter dans le labyrinthe des rencontres amoureuses.

Le travail que vous avez accompli, les méthodes que je vous ai apprises et que vous allez approfondir par leur pratique vont vous permettre d'être efficace et, si vous êtes motivé, de trouver rapidement une âme sœur. Vous devez veiller à ce que vos énergies soient au beau fixe et trier le bon grain de l'ivraie. Vous précipiter dans une histoire de façon instinctive risquerait de vous conduire, comme autrefois, à un choix névrotique.

Je suis convaincue qu'avec vos nouveaux acquis, vous allez également mieux vous positionner dans les domaines professionnel et amical.

Comme vous n'êtes pas la seule personne à suivre ce chemin, nul doute qu'un mouvement est en route. J'observe une augmentation du niveau de conscience qui favorise l'émergence de personnalités claires, construites ; elles savent d'où elles viennent et ce qu'elles veulent et prennent du recul avec la société de consommation.

Je vous souhaite une belle vie et vous invite à transmettre ce que vous avez appris autour de vous.

Lexique

Consoler
Réparer, compenser. Comportements adoptés inconsciemment par les enfants pour aider leurs parents à supporter leurs souffrances.

Date
En anglais, rendez-vous amoureux. Est passé dans le langage des jeunes générations. Le mot désigne aussi par extension la personne avec qui on a un *date*.

EFT (Emotional Freedom Technics)
Technique de liberté émotionnelle qui représente une pratique psycho-corporelle. Elle consiste à tapoter du bout des doigts les points d'entrée des méridiens d'acupuncture en répétant une phrase positive en rapport avec le problème traité. Depuis quelques années, elle connaît un succès fulgurant en raison d'une apparente simplicité qui la rend accessible à tous. Elle fait partie de la nouvelle famille des thérapies énergétiques fondées sur le lien corps-esprit, principe qui émerge en force dans le monde des psychothérapies et de la santé alternative.

EMDR
La thérapie EMDR est une nouvelle approche de psychothérapie qui utilise la stimulation sensorielle des deux côtés du

corps, soit par le mouvement des yeux soit par des stimuli auditifs ou cutanés, pour induire une résolution rapide des symptômes liés à des événements du passé. Cette thérapie poursuit le mouvement de recherche clinique et de soins inaugurés par la psychanalyse, la thérapie cognitive comportementale, les traitements par exposition, la médecine humaniste, les thérapies systémiques et les psychothérapies brèves centrées sur la personne.

Gestalt thérapie
La Gestalt fait partie de la famille des thérapies psychocorporelles mais utilise souvent le jeu, la mise en scène des disfonctionnements. Cet aspect ludique permet de comprendre l'origine de nos difficultés et d'expérimenter des pistes de solutions nouvelles. Elle se pratique dans des contextes et avec des objectifs très divers : en psychothérapie individuelle, en couple, en famille, en groupe, en entreprise.

Gratitude
Reconnaissance pour un service, un bienfait reçu ; sentiment affectueux envers un bienfaiteur. Manifester sa gratitude à quelqu'un.

Hypnose
L'hypnose est un mode de fonctionnement psychologique dans lequel le sujet se détache de son environnement pour fonctionner à un niveau inconscient.

MBCT
Cette thérapie cognitive basée sur la pleine conscience, a été validée pour la prévention des rechutes dépressives chez des personnes ayant connu au moins trois épisodes dépressifs. On a montré un taux de rechute diminué de 50 % et une durée entre les rechutes significativement allongée (Bondolfi et al, 2009). Il s'agit d'une thérapie de groupe basée sur le programme MBSR (Mindfulness-Based Stress Reduction program) de Jon

Kabat Zinn et qui intègre des éléments de thérapie cognitive et comportementale pour soigner la dépression.

Méditation pleine conscience (*Mindfulness*)

Il s'agit d'une qualité de présence et d'attention à l'expérience personnelle telle qu'elle se manifeste sous forme de sensations, pensées, émotions, instant après instant. La présence à soi-même qui est ainsi visée se base sur l'acceptation, la bienveillance et l'absence de tout jugement critique. Elle veut aider à vivre différemment les événements et difficultés de la vie en découvrant ses schémas de pensée et de réaction et en développant une meilleure relation avec soi-même et les autres. Cette activité mobilise divers processus psychologiques favorisant la réduction du stress, comme l'exposition prolongée aux stimuli, la reconnaissance et l'acceptation de l'expérience, la prise de distance par rapport aux pensées, la suspension des boucles de rumination mentale qui engendrent des sentiments de dévalorisation, et enfin, une meilleure connaissance et gestion de soi. Elle permettent de développer ce que certains appellent l'« intelligence expérientielle » ou l'« intelligence émotionnelle ».

PNL

La programmation neuro-linguistique (PNL) est un ensemble de techniques de communication et de transformation de soi qui s'intéresse à nos réactions plutôt qu'aux origines de nos comportements. Elle accorde plus d'importance au comment qu'au pourquoi, propose une grille d'observation pour améliorer la perception que nous avons de nous-mêmes et des autres. Elle permet également de se fixer des objectifs et de les réaliser.

Psycho généalogie

Le principe : découvrir les événements qui, chez nos aïeux, pourraient avoir une résonance avec nos propres problèmes. Mais comment un fait, heureux ou malheureux, du passé, « caché » qui plus est – par ignorance ou sous le poids d'un « secret de famille » –, peut-il avoir de telles conséquences quelques générations plus tard ? Quand il court sur deux ou trois générations, ce phénomène de répétition peut s'expliquer aisément : par une transmission orale directe, des comportements visibles ou des sous-entendus dont le sens peut être deviné intuitivement.

Somatic Experiencing

Pour Peter Levine « Le traumatisme est comme une réponse dans le système nerveux et ne trouve pas son origine dans un événement. Le traumatisme est dans le système nerveux, et pas dans l'événement ».

Somatothérapie

La somatothérapie est une forme de thérapie utilisant une approche globale, holistique de la personne. Elle met en lien le corps et les composantes psychologiques, émotionnelles et écologiques de l'individu. Le corps et l'esprit sont en relation continuelle sans que nous le percevions toujours. C'est contribue à faire prendre conscience de ces liens et vise à nous réunifier dans ces différentes dimensions. C'est un puissant outil de développement personnel et de connaissance de soi. Sa pratique amène progressivement la personne à se dévoiler à elle-même dans ce qu'elle est au plus profond d'elle.

Tantra

Pratique millénaire de transformation de soi et d'évolution qui reconnaît l'énergie sexuelle comme la source de notre vitalité. Éveil du cœur, du sexe et de la conscience divine, cette quête sincère de libération s'apparente à un art de vivre. Le tantra, grâce à sa qualité d'écoute, permet de changer vos rapports aux autres comme votre perception sur vous-même.

TCC

Thérapie cognitive comportementaliste. Les thérapies comportementales et cognitives se distinguent ainsi des autres thérapies par certaines caractéristiques : l'accent mis sur les causes actuelles du comportement problème ; le changement durable du comportement est évalué, et considéré comme un critère majeur de réussite de la thérapie ; les procédures de traitement sont décrites objectivement et sont donc reproductibles par d'autres thérapeutes pour des patients ayant des difficultés similaires.

Thérapie systémique et familiale

Selon cette théorie, la famille est considérée comme un « système », dont les processus d'interaction et de communication peuvent dysfonctionner.

Aider le patient qui va mal dans la famille, l'amener à changer, c'est aussi aider les autres membres de la famille à accepter de redéfinir leurs rôles et leurs fonctions. Ces évolutions de chacun sont nécessaires si la famille (« le système familial ») veut dépasser l'état de crise qu'elle traverse pour aller vers un équilibre plus satisfaisant. Le rôle du thérapeute n'est pas de recréer une famille idéale ou dans des normes pré-définies.

Vocabulaire des applications de rencontre

Charmer ou *superliker* indique que vous aimeriez engager la conversation avec la personne. Si elle n'accepte pas le charme, il vous sera impossible de lui parler.

Chatter : discuter.

Crush* ou *Match : like mutuel qui rend la discussion possible.

Écraser : faire disparaître une « cible » sur une application.

Liker : sélectionner la personne une première fois.

Swipe : faire glisser la photo à gauche (refus) ou à droite (intérêt).

Remerciements

L’auteure et l’éditeur remercient le docteur Yann Rougier et Sarah Volfin Frachon, coach de vie, pour leur aimable autorisation de reproduction des vidéos (pp. 64, 67, 70) à partir de leurs sites :
http://www.delta-medecine.org et
https://www.psy-en-ligne.info

De la même auteure

Le prochain, c'est le bon, Albin Michel, 2011
Autodiagnostic amoureux, Éditions de l'Homme, 2012
Arrêtez de vous saboter, vous êtes exceptionnel, Eyrolles, 2015

Pour en savoir plus
et me faire part de vos expériences

www.cafedelamour.fr

benedicteann@free.fr

Tel : 00 33 6 12 78 26 30

Ouvrage publié sous la direction de Laure Paoli.

Conception graphique : Stéphanie Le Bihan
Composition : IGS-CP
Impression : CPI Bussière en décembre 2016
Éditions Albin Michel
22, rue Huyghens, 75014 Paris
www.albin-michel.fr
ISBN : 978-2-226-39352-4
N° d'édition 22486/01 – N° d'impression : 2025348
Dépôt légal : janvier 2017
Imprimé en France